近代历史建筑保护修缮实录丛书

建筑回归
赓续城市文脉

嘉兴市天主教堂修缮实录

上海住总集团建设发展有限公司　编著

上海大学出版社
·上海·

最好的建筑是这样的,我们深处在其中,却不知道自然在那里终了,艺术在那里开始。

——中国现代著名作家林语堂

本书编辑委员会

主　任　　张敏亮　张　祯
副主任　　何宇健　缪志江　吕　斌　沈三新　张健明
　　　　　江　帆　周　俭　陈琪林　瞿瑞铮　黄欣彦
委　员　　姜雄绘　杨　炯　马　超　杨　军　沈林保
　　　　　吕材鑫　刘秉源　陆　曜　杨　伟　吴振邦
　　　　　肖　逸　李昕冰　段顺乾　陈　伟　赵　玲
　　　　　俞家栋　赵　韬　林烜烨
撰　稿　　高　臻　许　诺

序

浙江省嘉兴市天主教堂（圣母显灵堂）坐落于南湖之畔，为全国重点文物保护单位。建成于1930年的这处建筑，曾被誉为"远东第三大教堂"，历经近百年风雨后，大部分区域仅存断壁残垣，教堂内外草树丛生。

上海住总集团建设发展有限公司于2020年初有幸承接了该建筑的修缮工作，并在2021年6月全面完成了教堂的复原。纵观整个修缮复原过程，我们始终坚持注重现场查勘，不放过任何蛛丝马迹，并通过大量的历史资料收集、组织行业内专家开展专项研讨等工作，给建筑的复原找到了科学、合理的依据。

本项目的修缮，我们尤为重视采用现代化技术和传统工艺相结合的方式提升工程品质，比如：运用无人机航拍手段对修缮的全过程进行全面查勘和施工监控；运用三维激光扫描技术对建筑进行整体测绘，留取各细部的数据信息，以保证后续复原的精确性；运用红外热成像技术对建筑外立面完损情况进行查勘，以期更好地遵循文物建筑"最小干预"的修缮原则。在传统工艺的运用上，我们按照传统做法在现场专门制作了化灰池以保证外立面纸筋灰的全面复原；加强对各类花饰花板的用材研究，按原材料、原配比对缺失和缺损的花饰进行翻样制作和修复；注重系统的调研，恢复了原始小青瓦屋面和室内穹顶天棚；通过对仅存的几片玻璃残片的深入研究，全面复原了教堂的铅条彩绘玻璃。此外，我们还开创性地发明了一种基于纸筋灰外立面的做旧工艺，以此使修复一新的建筑不失历史沧桑感，并更好地使其与周边多处历史建筑外观相协调。

本书的出版旨在将本项目修缮全过程的主要施工技术通过实录的形式向社会推广，使大家对文物建筑保护修缮工作有更直观的了解和认知，进而提升对文物建筑的保护意识，也为今后类似建筑的修缮复原提供一份宝贵的经验。

上海住总集团建设发展有限公司　执行董事

2023年8月

目录 CONTENTS

第一章　嘉兴起源

1. 嘉兴千年　// 2
2. 嘉兴市天主教堂　// 6
3. 传世价值　// 21

第二章　修缮历程

1. 修缮原则、目标和施工部署、流程　// 24
2. 主要技术和修缮特色　// 26

第三章　　成果展示

1. 室内　　// 　102
2. 室外　　// 　116

第四章　　附录

1. 主要参考文献　// 　132
2. 后记　// 　133

第一章
Chapter 1
嘉兴起源

嘉兴，别称"禾"，是一座距今已有七千多年历史的文明古城……

1. 嘉兴千年

1.1 概述

嘉兴,别称"禾",是一座距今已有七千多年历史的文明古城,坐落在浙江省的东北部,处于太湖流域富庶地区,杭嘉湖平原的腹心地带,气候温和湿润,自然环境舒适宜人;距离上海、苏州和杭州均不到百公里,京杭大运河贯穿境内,东海、钱塘江、太湖、杭州湾等水域环伺周围,空间位置优越,水陆交通发达。(图1.1.1)

图1.1.1　嘉兴区位图(图片来源:https://www.jianshu.com/p/007b028cec77?clicktime=1576562365)

1.2 古代嘉兴

嘉兴的历史最早可追溯至公元前5000年的马家浜文化。马家浜文化是中国的一种新石器文化类型,主要分布于长江下游的太湖地区,马家浜遗址于1959年春在嘉兴南湖乡天带桥马家浜被发现,证明了长江流域和黄河流域一样,都是中华文明的摇篮。

春秋时期,嘉兴称作长水、槜李。公元前496年,吴越两国曾在此发生过"槜李之战"。据记载:定公十四年(公元前496年),"吴伐越。越子勾践御之,陈于槜李……灵姑浮以戈击阖庐,阖庐伤将指,取其一屦。还卒于陉,去槜李七里"[1]。最终以吴王夫差在姑苏城中自杀而结束,吴为越吞并。战国时楚怀王攻占越国,嘉兴又归于楚。秦统一六国后,郡县制替代分封制,嘉兴划入会稽郡,更名为由拳县。《后汉书》记载:"秦

---

[1]《春秋左传集解(全五册)》,上海人民出版社1977年版,第1696～1697页。

始皇东巡,望气者云'五百年后,江东有天子气'。始皇至,令囚徒十万人掘污其地,表以恶名,故改之曰由拳县。"[1] 两汉时期,嘉兴继续沿用秦时旧称。三国时,吴黄龙三年(231)始建嘉兴子城,后成为历代衙署的所在地和太平天国听王府旧址。同年,由拳县境内野稻自生,孙权认为这是祥瑞之兆,遂改称为禾兴县。后为避讳太子孙和,改禾兴为嘉兴,嘉兴之名自此诞生。(图1.1.2、图1.1.3)

图1.1.2　全国文物保护单位标志碑（图片来源：http://www.cnjxol.com/51/202107/t20210709_823577.shtml）

图1.1.3　嘉兴子城城门楼

1　〔晋〕司马彪撰，〔梁〕刘昭注补，刘华祝等标点：《后汉书·志第二十二·郡国四》，吉林人民出版社1995年版，第1961页。

西晋永嘉之乱发生后，北方人民为避战乱向南迁徙，带来了大量的劳动力和生产资料，间接地促进了嘉兴的发展。隋大业六年（610），隋炀帝杨广下令开凿京杭大运河，不仅给嘉兴带来了灌溉舟楫之利，也令嘉兴的交通系统愈发完善。唐中期"安史之乱"后，北方经济渐趋凋敝，全国经济重心逐渐南移，嘉兴成为中国东南地区重要的产粮基地，李翰的《苏州嘉兴屯田纪绩颂并序》记载："嘉禾一穰，江淮为之康，嘉禾一歉，江淮为之俭。"[1] 五代十国，吴越国曾在嘉兴设置开元府，大兴农田水利建设，开展治水营田工程，使嘉兴的塘浦圩田体系愈发完善，成为全国知名的粮桑产地，后晋天福五年（940），吴越国在嘉兴设置秀州，嘉兴正式成为州府级行政机构。

北宋时期，秀州引进越南早熟耐旱的占城稻，产量骤增，因此宋徽宗又赐名嘉禾，此时秀州的对外贸易发展较好，与各沿海口岸及日本、新罗、阿拉伯地区通商贸易，船舶云集。靖康之难（1126）发生后，中原人口大量南迁，随着南宋定都临安，经济中心也由中原转移至江南。嘉兴位于临安北面，为京畿之地，故又将其擢升为嘉兴军府，驻有重兵把守。又因宋孝宗诞生于嘉兴落帆亭，故嘉兴成为南宋留都。元代时，嘉兴府升为嘉兴路，下辖嘉兴、华亭、崇德、海盐四县。宋元时期的嘉兴，得益于优越的地理环境，经济文化都很发达，据祝穆《方舆胜览》记载，"百工众技与苏杭等"，"生齿蕃而货财阜，为浙西最"[2]。

明代嘉兴的行政区划为一府七县，并一直延续至清末。明朝政府对农业、商业和手工业的政策相对宽松，再加上白银作为货币的广泛使用，刺激了经济发展，使得商品经济日渐繁荣，市镇经济兴起，明弘治《嘉兴府志》记载："嘉兴为浙西大府"，"江东一都会也"，也赢得了"鱼米之乡，丝绸之府"的美誉。

清初，采取对汉人实行高压统治的政策，剃发令激起了江南人民的激烈反抗，嘉兴、湖州两府最先揭竿而起，但随后清军破城而入，给嘉兴造成了沉重打击。康乾盛世期间，嘉兴社会安定，经济不断攀升，至乾隆年间，杭嘉湖的丝绸业已进入鼎盛时期，市镇贸易极其繁荣，经济发展达到了封建社会时期的巅峰。

1.3 近现代嘉兴

1840年鸦片战争爆发，英军占领嘉兴乍浦期间，造成了极大的毁灭，英军中尉穆勒在《在华战役记》中写道："各处房屋不时有子弹射出"，"纵火满营，焚杀甚惨"[3]。紧接而来的是太平天国运动，太平军占领嘉兴四年期间与清军发生多次大小战斗，终被清军攻陷，此时的嘉兴，已是一片残破衰败的景象。同治三年（1864）知府许瑶光记载："我自杭州来禾郡，沿途二百里无人家，但见石垒峨峨据关隘……白骨侵水横卧沙。"[4] 1894年，中日甲午战争后，维新思想在嘉兴社会上广泛传播，反帝反封建的革命活动已在嘉兴萌芽。

1911年10月10日革命党人在武昌起义，嘉兴境内革命力量迅速响应，建立共和政权。1912年1月1日，中华民国在南京成立，孙中山担任临时大总统，同年10月8日孙中山辞去职务后来到嘉兴，并到南湖游览烟雨楼。（图1.1.4）

1919年5月4日，北京爆发了反帝反封建的五四运动，嘉兴人民响应罢课游行。1921年7月23日，中国共产党第一次全国代表大会由上海秘密转移至嘉兴南湖。淞沪会战期间，嘉兴曾一度沦陷，广大人民生活在水深火热之中。1949年10月1日，中华人民共和国成立后，百废待兴，嘉兴步入社会主义建设发展时期，社会秩序和经济都得到恢复。

---

1 周绍良主编：《全唐文新编·卷四百三十》，吉林文史出版社2000年版，第4989页。
2 嘉兴市地方志编纂委员会编：《嘉兴年鉴 1999》，方志出版社1999年版，第41页。
3 嘉兴市志编纂委员会：《嘉兴市志（上卷）》，中国书籍出版社1997年版，第41页。
4 嘉兴市志编纂委员会：《嘉兴市志（上卷）》，中国书籍出版社1997年版，第46页。

图 1.1.4　1912 年孙中山（第二排左五）与各界人士在烟雨楼合影
（图片来源：https://new.qq.com/omn/20211009/20211009A0A5AT00.html）

2011 年，嘉兴成功申报成为国家历史文化名城，作为全国重点文物保护单位的嘉兴市天主教堂是中西文化交流的重要产物之一，它既是历史的见证者，同时也是历史信息的承载者，对它的保护和修缮就是对历史文化的保护和尊重，也是对嘉兴这座城市文脉的传承和延续。

2. 嘉兴市天主教堂

2.1 概述

嘉兴市天主教堂又称圣母显灵堂、圣母堂、天主堂、仁爱堂（图1.2.1、图1.2.2），坐落于嘉兴市南湖区紫阳街55号，1917年由意大利籍神父韩日禄发起兴建，竣工于1930年，共耗资8万银元，远远望去，充满了浓郁的意大利哥特式建筑风格。

韩日禄本人兼具教士和建筑师两种身份，心地虔诚且颇具才艺，教堂的设计和施工全由他亲自主持，倾注了其毕生心血。工程的承建商为当时的王茂记和徐记两家营造厂，但本土匠人毕竟生疏于西洋建筑，难免技艺不精，韩日禄便常常亲自下场教授，若是仍达不到要求的工人，则被分配为力工，负责简单的搬运工作。材料除了墙砖由本地的嘉善干窑镇烧制外，其余皆从法国进口，包括水泥、地砖、钢筋、洋松和彩色玻璃等，由此可见建造成本的巨大。资金的匮乏致使教堂历经13年才建成，但效果非常出彩，凭借着高耸的外观和精美的雕饰独步四周，成为嘉兴市标志性建筑，享誉海内外，在当时有"远东第三，中国第一"的美誉。

嘉兴市天主教堂是天主教传入中国之后在嘉兴发展的一处重要标志，也是中西文化交流的关键实证，在久经沧桑之后更是成为嘉兴城市文脉中一个不可或缺的重要符号。

图1.2.1 嘉兴市天主教堂主体
（图片来源：https://tieba.baidu.com/p/2802328482?pn=3）

2.2 历史沿革

1930年教堂落成后，定名为圣母显灵堂，法国巴黎遣使会曾派人送来一口大钟悬于钟楼上。

1937年7月7日，抗日战争全面爆发，紧接着发生了"八一三"淞沪会战，日本侵略者大举进攻上海，战争期间日军战机屡屡在嘉兴上空徘徊，教徒们为了抵御侵略者，保护民众的生命安全，曾多次登上教堂的钟楼，敲响大钟以为防空警报，提醒城中居民躲入防空洞。

1949年春，教堂的一切教务活动停办，教堂也空置着。

1958年，天主教堂被作为"戏衣戏剧厂"投入使用，主要生产加工一些古装戏的衣服、帽、靴、刀枪等用具。

1964年下半年，嘉兴展览馆在教堂内举办嘉兴县阶级教育展览会，有人记载了当时展会的情形：我曾多次去观看过展览，当时圣母堂内的雕像，圣坛上方拱形顶的彩色画都在，教堂内的长条椅子已经没有了。

1966年"文革"初期，教堂遭到了严重破坏，仅存屋基和墙体部分。"破四旧"活动中，造反派冲进教堂，将表现才子佳人、帝王将相的古装戏服，以及教堂内各种西洋图书全都付之一炬，并将教堂内外所有的雕像都砸毁了，只有圣坛拱顶上的彩画和钟楼穹顶上的尖顶因为太高的缘故才幸免于难。但教堂钟楼上的大钟被嘉兴民丰造纸厂的工人拆下，他们用手推车将其运到厂里，挂在原料科稻草场上，作为上下班敲钟之用，直到20世纪80年代才物归原主。（图1.2.3—图1.2.6）

图 1.2.2　嘉兴市天主教堂（图片来源：https://tieba.baidu.com/p/2802328482?pn=3）

图1.2.3 修缮前的天主堂
（图片来源：https://mp.weixin.qq.com/）

图1.2.4 1943年时的教堂内部
（图片来源：嘉兴旧火车站展览馆）

图1.2.5 民丰造纸厂老厂房
（图片来源：《我的"民丰印象"》，"难看吴头"微信公众号）

图1.2.6 民丰造纸厂稻草场
（图片来源：《我的"民丰印象"》，"难看吴头"微信公众号）

1967年，因新嘉五金机械厂发展需要，教堂遂作为该厂厂房。

1968年12月30日，经嘉兴镇革委会批准成立的嘉兴镇红旗机械厂使用教堂。教堂东部为该厂磨加工车间，西部为车加工车间，轴承装备车间在东侧钟楼，财务室在西侧钟楼，大门通道西侧砌筑有一小隔间作为传达室，东侧忏悔室用作食堂厨房，圣坛部位则用纤维板围合成仓库，后改为餐厅。

1969年9月，教堂钟楼的穹顶被认为是"帝、反、修"而遭到破坏，所幸由于高度太高，拆除工作很危险才被搁置。后有人在教堂二层楼平台练习击鼓，意外发现西侧钟楼有向南倾斜的趋势，接合处已出现二到三指宽的裂缝。

1973年9月中旬，因连绵不断的雨水冲刷，年久失修的教堂南侧屋顶轰然坍塌；1974年夏，正值江南梅雨季节，早已不堪重负的屋顶在夜间全部垮塌。1975年5月，因生产需要，教堂的前半部分屋顶又被重新盖了起来。

1982年，教堂转交给了附近的嘉兴市第一医院，供其用来兴办护士学校，教堂内的二层楼面就是在这一时期建造的。1992年8月，嘉兴市文化局公布天主教堂为嘉兴市文物保护点；2000年5月，嘉兴市人民政府公布天主教堂为嘉兴市第三批文物保护单位；2005年3月，天主教堂被列为浙江省文物保护单位；2013年5月，嘉兴天主堂被列入第七批全国重点文物保护单位（图1.2.7—图1.2.9）

图1.2.7　2000年天主教堂被列为嘉兴市文物保护单位

图1.2.8　2005年天主教堂被列为浙江省文物保护单位

图1.2.9　2013年嘉兴天主堂被列为全国重点文物保护单位

2020年，嘉兴天主教堂的修缮工程正式启动，由浙江省古建筑设计研究院负责设计、上海住总集团建设发展有限公司负责施工，并于2021年6月30日基本完成教堂内部所有修缮工作。2021年7月，完成天主教堂外部修缮与灯光布置，在教堂的西北侧开辟出大块草坪。至此，天主教堂重获新生，重新回归到大众的视野之中，成为老城中心的一张文化名片，并将一直作为嘉兴这座历史名城的文化符号延续下去。

2.3 建筑风格

嘉兴市天主教堂的建筑风格基本保持了西洋建筑的原汁原味,外观模仿了巴黎圣母院(图1.2.10),只是在双塔上添加了穹顶,但装饰上更为简约。立面为三段式构成,以尖券装饰为主,辅以连续券廊带和莨苕叶浮雕,整体表现为意大利哥特式建筑风格。(图1.2.11)

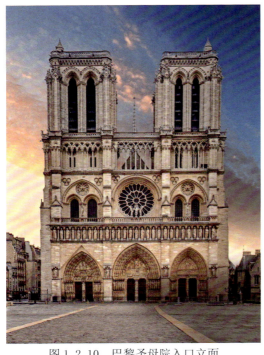 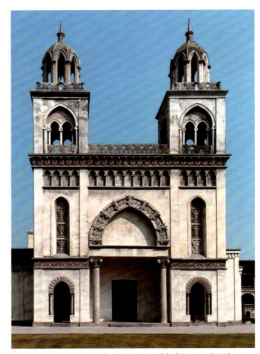

图1.2.10 巴黎圣母院入口立面　　　　　　　图1.2.11 嘉兴市天主教堂入口立面
(图片来源:https://www.sohu.com/)　　　(图片来源:https://mp.weixin.qq.com/)

嘉兴市天主教堂的入口立面是整体风格营造的重点,左右对称式构图,钟楼夹持中厅立面,壁柱将立面垂直分为三部分,通高45米,面宽19米。底部入口门廊由大门和两个满布莨苕叶浮雕的尖券侧门组成(图1.2.12)。大门一般只有周末或举行重大仪式时才会开启,平常只开侧门。中部则以横向水平券廊带和莨苕叶浮雕带组成的两排装饰为亮点,像是裙摆的花边镶嵌其中,尽显活泼生动,两边镂空的花形尖券细长窗与中间的浮雕尖券形成呼应,一虚一实,互为映衬(图1.2.13)。上部则是双塔和穹顶,双塔大尖券窗中包含着双联小尖券,是哥特式建筑典型的组合方式(图1.2.14)。目光沿着教堂由下往上寻去,可以发现"尖券"这一元素在不断收紧,越来越尖锐,直至化为穹顶塔尖,似如神舟飞向太空,营造了极强的升腾之势,这是哥特式建筑的显著特征。

图1.2.12 底部尖券侧门上的浮雕

图 1.2.13　中部尖券装饰

图 1.2.14　上部大尖券窗中包含着双联小尖券

哥特式建筑风格起源于 12 世纪法国北部，持续至 16 世纪的整个欧洲，象征着那个时代欧洲各民族在政治、经济和文化上的高度统一。哥特式建筑主要见于天主教堂，它大量地使用了尖券元素和竖向线条，整体风格显得轻盈活泼。哥特式教堂主要表现为不断向上生长的升腾之势，是真正的"危楼高百尺，手可摘星辰"，它那修长的立柱，排列优美的飞扶壁和多彩的尖券门窗，寄托了教徒们沟通天堂的美好幻想。（图 1.2.15）

意大利哥特式建筑则稍显不同，意大利人具有作为罗马后裔的自豪感，他们更倾向于保持以前的建筑传统，只是在装饰上借鉴哥特式建筑的一些流行符号，骨子里依然坚持意大利自身的建筑特点，嘉兴的天主教堂亦是如此。

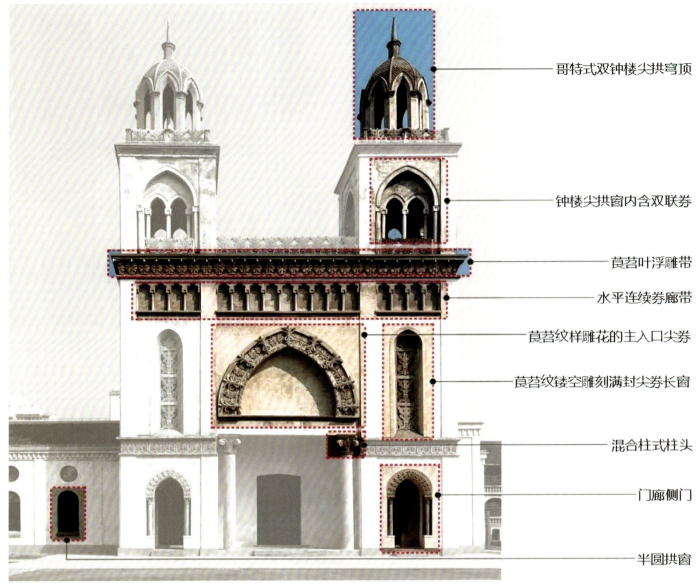

图 1.2.15 嘉兴市天主教堂正立面建筑元素分析
（图片来源：须贺《嘉兴近代教会建筑史与现存教堂调查》，"嘉兴正春和文化"微信公众号）

2.4 建筑特色

2.4.1 平面布局

嘉兴市天主教堂的方位布置遵循了中国建筑坐北朝南的风格。教堂的平面布局上由南向北依次是中厅和侧廊、祭坛、圣坛，三者在同一直线，与横厅垂直相交，形成经典的拉丁十字式（图1.2.16、图1.2.17、图1.2.18）。

拉丁十字式平面是在古罗马巴西利卡式的基础上发展而来的，而巴西利卡则是由古罗马的公共会堂演化而来的建筑型制，整个建筑平面呈长方形，用两至三排柱子把空间分为三至五个部分，中央最高部分为中厅，两边对称为侧廊，足以容纳大量的人员。拉丁十字式是在巴西利卡的平面基础上再增加两个横翼，形成不等边十字平面。横翼在祭坛前面，比中厅短，以区别于纵横两翼等长的希腊十字式。

从嘉兴市天主教堂的入口门廊进入室内，两排柱子将空间分隔为三部分，中厅高而侧廊低，由于空间透视的关系，人的视觉会立即被终端的圣坛所吸引，这一方面突出了圣坛作为空间主体的重要地位，也反映了古代欧洲教权凌驾于一切之上的意识形态，反映到实际中则是当举行宗教仪式时，教皇便成为众人的视觉焦点。

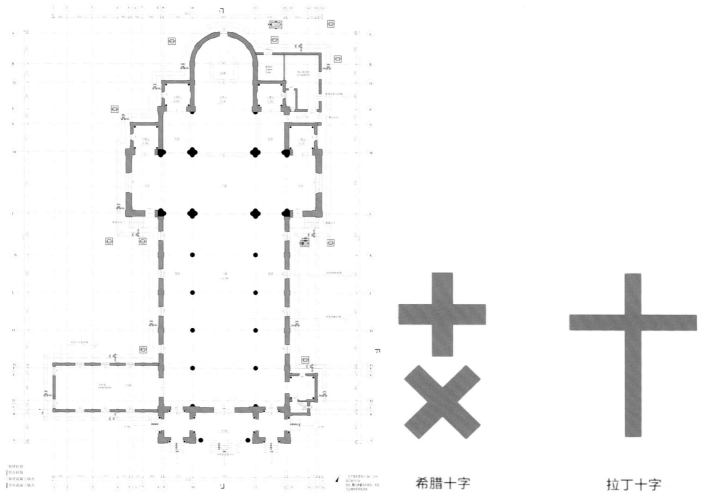

图 1.2.16　嘉兴市天主教堂平面图

图 1.2.17　希腊十字和拉丁十字
（图片来源：image.baidu.com）

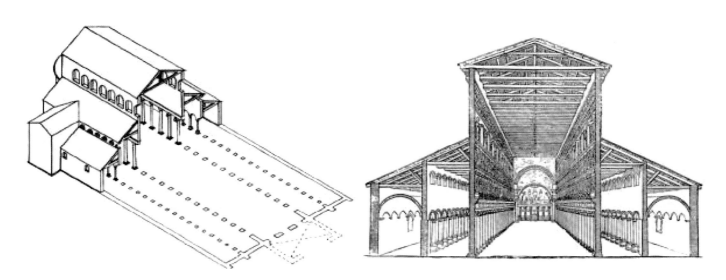

图 1.2.18　巴西利卡剖面（图片来源：https://max.book118.com/html/2017/0905/132003890.shtm）

2.4.2 基本构造

嘉兴市天主教堂为砖混结构，主体一层，局部二层，双向坡屋顶，木桁架构造。地面由水磨石和花砖按规律排列而成，图案精美；墙体为青砖砌筑，表面覆以纸筋灰层；室内吊顶为尖券式骨肋拱顶，泥漫条填充其间，纸筋灰覆面；屋面瓦片则包括小青瓦和水泥鱼鳞片。（图1.2.19、图1.2.20）

教堂门廊两侧为钟楼，钟楼后接长方形侧廊，西侧廊的南端与小经堂连接，东侧廊的南端则连接着告解室和登临钟楼的楼梯间。中厅的北端为祭坛和半圆形的圣坛，南端连接大门。祭坛和圣坛的两侧则为忏悔室，前面为28米宽的横厅，以及周围的辅助用房。

教堂外观简洁优雅，工艺处理手法统一，横向分割线条较少，竖向分割以突出墙面的墙垛为主。室内空间高度向两边递减，突出中厅为主体，弱化了依附在两侧的侧廊，室内地面中央铺设有色彩绚丽的花砖，直接通向祭坛，具有很强的引导性。从教堂的南面观望，小经堂像是依附在主体外的附属建筑，但其内部又是一个有序的独立空间。

图1.2.19 教堂小青瓦屋面

图1.2.20 教堂内部结构

2.4.3 建筑装饰

嘉兴市天主教堂的柱式属于混合式，兼具古希腊经典的爱奥尼和科林斯柱式风格（图1.2.21）。科林斯柱式更加富有装饰性，柱头是层叠卷曲的茛苕叶，并有花蕾夹杂其间，像是一簇盛放的手捧花，更显自然生动（图1.2.22）。爱奥尼柱式则比较纤细柔美，比例修长，故又被称为女性柱，柱头的几何涡卷就像女性的盘发，显得高贵而优雅（图1.2.23）。混合式将爱奥尼柱式的高贵优雅与科林斯柱式的精致自然融为一体，涡卷与茛苕叶相得益彰，结合得天衣无缝，极具创造性和观赏性。

尖拱是在教堂室内做出的木质弧型拱券吊顶，由两段圆弧交叉于同一高度，弧的交点即是拱的顶点，在教堂中起装饰作用。它的优点是在于拱的高度可以不像半圆拱那样受到跨度的限制，并能减少对墙体的侧推力。尖拱的骨架券是在矩形平面四角的柱子上向上做的双圆心尖券，在矩形的四边和对角线上各做一道尖拱，骨架券把整体的拱分为了承重的肋和肋间的填充部分。

哥特式建筑的尖拱减少了屋顶落在墙体上的荷载，通过尖肋向外传递荷载，肋间的填充部分的厚度也可以大大减少，进而节约材料并减少拱顶的自重。顶部采用这种独特的建造方式，可以在不同跨度上做出相同高度的拱券，拱顶的重量减轻，券脚的侧向推力变小，与飞扶壁构成了类似于框架式的体系，结构受力更加合理，所以拱顶的高度和跨度得到很大的扩展，教堂可以建得十分高耸。（图1.2.24）

图 1.2.21 教堂混合柱式（图片来源：https://www.sohu.com/a/255722372_788167）

图 1.2.22 科林斯柱式（图片来源：https://www.sohu.com/a/241673814_249618）

图 1.2.23 爱奥尼柱式（图片来源：https://www.douban.com/photos/photo/2221542591/large）

图 1.2.24 修缮后的教堂内部拱顶

哥特式教堂一改往日罗曼式教堂室内空间阴暗压抑的氛围而变得明亮多彩，主要得益于哥特式建筑飞扶壁和尖券所组成的近似框架式的结构体系，解放了原本用于承重的厚重墙体，使得开窗面积大幅度增加，窗户的种类、样式和艺术创作也由此变得丰富起来。

嘉兴市天主教堂的窗大体可以分为圆形窗和细长尖券形窗两类。圆形窗被称为"玫瑰窗"，细长的尖券形窗被称为"柳叶窗"。罗曼式教堂中的光源来自烛光，而哥特式教堂的光源则是阳光，阳光透过玻璃花窗进入室内，使室内的景象变得丰富多彩起来，相比于罗曼式教堂不得不说是一种质的进步。当人们在教堂外面顺着光线的方向观察窗户上的彩色玻璃时，并不会看见那些绚丽的光辉，而一旦缓缓地步入其中，便会看见透过玻璃洒向室内的多彩光晕起舞着，仿佛一道道"神光"映入人们的眼帘。

柳叶窗重复形成大面积排窗，高达数米，对材料和技术都提出了较高的要求。花窗不仅起到了采光的作用，也在一定程度上起到了装饰和承重的作用，前所未有的玻璃面积赋予了建造者们创作的平台，花窗上的图案内容一般围绕着宗教题材展开，多是一些圣经故事，目的是向民众传播教义，因为中世纪的欧洲人大多数是不识字的，玻璃上的绘画比文字更能直接抵达他们的思想深处，从而使他们的心灵大受震撼。花窗玻璃以红、蓝两种颜色为主色，同时也会辅以金色和绿色，金色能够抑制蓝色的辐射并亮化红色。当不同强度、不同时段的日光照在玻璃上时，会产生各种奇幻的视觉效果，造就了教堂内部神秘灿烂的景象。（图1.2.25）

图1.2.25　教堂花窗图案

2.5 相关人和物

2.5.1 韩日禄

韩日禄,天主教神父,意大利建筑师。1871年5月2日出生于意大利的亚历山德里亚省的卡萨莱蒙费拉托。1893年8月17日在巴黎神学院受到接待,并于1895年8月18日在那里宣誓。1896年10月16日,远渡重洋抵达上海;1898年7月19日在宁波被任命为神父。1913年在嘉兴发起兴建天主教堂,从设计到施工,躬亲其事,于1930年亲手完成了钟楼的最后一个浮雕,教堂宣告竣工。韩日禄于1945年在嘉兴逝世,葬于苦难堂的砖穴之中。

2.5.2 韩日禄手札(图1.2.26)

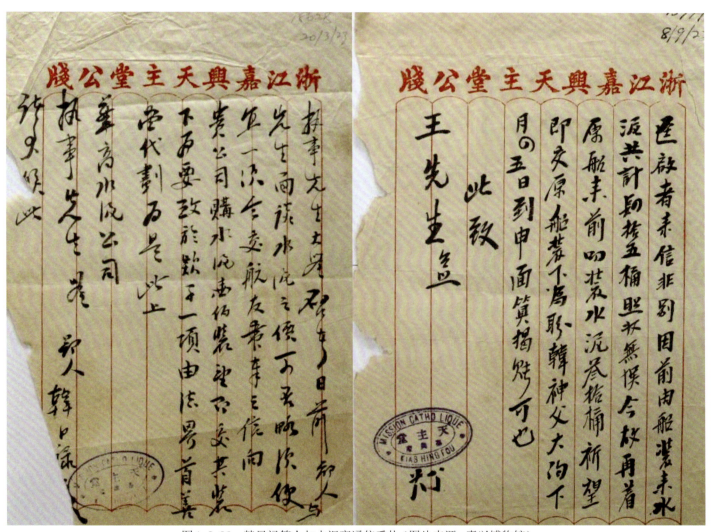

图1.2.26 韩日禄等人与水泥商通信手札(图片来源:嘉兴博物馆)

信札内容:

执事先生大鉴,启首。日前鄙人与先生面谈水泥之价,可否略须便宜一次,今交航友希奉之信向贵公司购水泥一百装,望即交其装下为要,至于款子一项,由法界首善堂代划为是。

此上

华商水泥公司执事先生鉴

诸事候此

鄙人 韩日禄 顿首

回信内容：

径启者，来信非别，因前由船装来水泥共计四十五桶，照收无误，今启再着原船来前叨装水泥三十桶，祈望即交原船装下为盼，韩神父大约下月四五日到申，面算揭账可也。

此致

王先生鉴

2.5.3 田法服

田法服，1859年4月7日出生于法国北部的贝尔格州克罗赫特。1879年毕业于刚白里大修院，任培耳开学院教授；1883年9月25日在巴黎神学院受到接待，加入巴黎遣使会，1885年9月26日在那里宣誓；1886年9月19日，来华传教并抵达上海；1887年8月15日在宁波被任命为神父，在浙江传教。1891年调任台州总本堂，1898年升任浙江副主教，1910年5月10日擢升为浙西首任宗座代牧，1911年10月2日在宁波由雷诺主教行祝圣礼，1924年12月改称杭州代牧区主教。1937年2月辞职，来嘉兴遣使会院休养；1949年3月23日病逝于嘉兴，4月25日葬于苦难堂的砖穴之中。（图1.2.27）

1.2.27 田法服相关书籍（图片来源：http://www.kongfz.cn/19816380/pic/）

2.5.4 沈汝骏

沈汝骏，1907年9月12日出生于嘉兴海宁。1925年9月3日考入嘉兴神学院，1927年9月15日在那里宣誓，1932年2月21日在那里被任命为神父，接受任命后又前往意大利罗马留学两年，获法律博士学位。1934年回国后，作为圣心会的神职人员在嘉兴、宁波一带工作，并在当地圣心会的帮助下建立了明德女中（嘉兴三中），曾任该校校长和修道院的袒父。1978年10月26日在嘉兴逝世，葬于苦难堂的砖穴之中。

2.5.5 墓穴

天主教堂苦难堂的北面墙基，共有八个长方形砖穴，每个砖穴可以容纳一具棺椁，是神父去世后的葬所，外面用砖砌成半圆形的拱券，再用水泥封死，水泥上刻有神父的名号。（图1.2.28）

图1.2.28　沈汝骏墓碑（图片来源：郭兆晖拍摄）

2.5.6 大钟与圣母显灵牌

嘉兴市天主教堂落成后，法国巴黎遣使会向田法服主教赠送的一口大钟，悬于东侧钟楼上。这口合金钟高1.1米，底部直径1.1米，总重657千克，击之音质洪亮悦耳，气势澎湃，声闻数十里不绝。（图1.2.29）

图1.2.29　教堂大钟（图片来源：郭兆晖拍摄）

1937年抗日战争全面爆发后，日军敌机屡犯嘉兴，教徒们即登楼击响大钟，作为防空警报。
大钟上面有拉丁文以及圣母、圣子和1830年圣母显灵牌的装饰图案（图1.2.30）。

图1.2.30　大钟上的拉丁文

3. 传世价值

嘉兴市天主教堂对于嘉兴而言无疑是一座举世无双的建筑瑰宝，对于世界文明而言更是一处重要的历史坐标。嘉兴市天主教堂不仅是西方哥特文明的产物，同时也是中国本土匠人们智慧的结晶，更是一个世纪前中西文化交流的重要见证。

嘉兴市天主教堂是一座珍贵的三维立体历史文献，它反映了当时时代背景下西方天主教在列强庇护之下强势进入中国并蓬勃发展的一个关键阶段，以及由此带来的一系列先进的西方技术和理念，对当时的社会形成了比较深远的影响，最终融为嘉兴城市文脉的一部分，对社会的发展有一定的贡献。其精美的建筑装饰和充满理性的建筑构造都足以代表那个时代卓越的建造技艺，具有非常重要的科学和艺术价值。建筑本身蕴含的宗教内涵与其形体布局十分契合，不仅反映了基督教基本教义，同时也体现了其宗教历史的演变过程。另外，其坐北朝南的建筑布局也在一定程度上表现出中西文化融合的时代特征，具有非常重要的历史价值和文化价值。

时至今日，嘉兴市天主教堂已然成为嘉兴老城的一张历史名片，它静静地矗立在绿化广场上，连接着过去、现在和未来，等待着经过的人们去发现与理解。没有什么比真实的历史载体更加具有说服力，对此，嘉兴市天主教堂也将发挥更大的社会价值和历史作用。（图 1.3.1）

图 1.3.1　嘉兴市天主教堂整体立面图

第二章
Chapter 2
修缮历程

那是 2020 年 3 月 14 日，我们踏入了这座充满腐朽气息的大教堂……

1. 修缮原则、目标和施工部署、流程

1.1 修缮原则

（1）完整性原则：全面把握文物建筑的历史风貌，通过资料收集、现场精细化查勘、寻找残存构件中的历史信息、三维激光扫描等手段尽最大可能对已缺失的部位（如外立面窗、大堂屋顶、室内天花等）进行复原，最大程度留存、复原文物建筑的历史元素。

（2）原真性原则：通过对历史资料的搜集和研究，结合同嘉兴地区对教堂历史沿革较为熟悉的老者们的访谈调查，尽可能全面地复原建筑的历史风貌。

（3）可识别原则：对必需的增补须与原状保持相当的可识别性。本次修缮中，对缺失的花饰花板、马赛克地坪、水磨石地坪等的修复，达到远观整体协调、近观可识别的效果。

（4）最小干预原则：在修缮过程中，将通过先加固、后拆除的施工顺序，采用诸如人工结合静力切割的拆除技术，对文物建筑的干预控制在最低程度，在保证结构安全的前提下，不对建筑基础作干预。

1.2 修缮目标

（1）通过结构加固，消除文物建筑的安全隐患，提升建筑的整体安全性，延长其使用寿命。

（2）通过对文物建筑的外立面、屋面、室内空间、装饰装修等的修缮复原，最大可能地恢复其内部和外部的历史风貌。

（3）采取合理的做旧手段，使文物建筑在恢复原貌的前提下又不失历史沧桑感。

（4）修缮过程中尽可能发现和留存文物建筑本身以及与建筑相关的各种历史信息，结合三维激光扫描技术、航拍及近景摄影等技术，最大程度挖掘文物建筑的历史价值。

1.3 施工部署

修缮工程主要分七个阶段进行。

第一阶段：落实施工准备工作，现场清理。
（1）人员、机械、前期材料的准备；
（2）落实围挡、临时设施、临水临电、场平布置等工作；
（3）清理文物建筑周围的杂草杂物和室内垃圾等，为后一步的现场精细化查勘作准备。

第二阶段：现场精细化查勘，文物建筑的历史信息收集。
（1）对室内外做进一步精细化查勘工作；
（2）采用激光扫描、近景拍摄以及航拍、红外热成像等技术对建筑进行细部测绘和全面信息收集；
（3）资料整理，对比历史影像资料、设计图纸及现状情况作进一步深化工作。

第三阶段：场地保护、临时支撑、非结构性构件拆除。
（1）对地面进行全面封板保护；
（2）对门窗洞、墙体裂缝严重等部位进行临时钢支撑加固；

第四阶段：外墙修缮、结构加固、屋面复原。
（1）对外墙进行全面绿植清除、砖墙清理并补砌、加固、恢复抹灰面；
（2）根据设计要求和现场勘查情况，对各类砖砌结构、混凝土等构件进行加固；
（3）恢复建筑至历史标高。

第五阶段：结构性构件拆除、各类装饰构件小样制作。

（1）对后加结构性构件（插层、梁板柱等）进行拆除，恢复建筑历史空间原貌；

（2）对室内外花饰花板、地面花砖、彩绘玻璃窗等装饰构件进行小样制作和确认工作。

第六阶段：外立面花饰复原、室内修缮及装饰装修。

（1）外立面缺失花板复原、破损花饰修复；

（2）外立面彩绘玻璃窗、木门复原；

（3）室内拱顶天花复原；

（4）室内花饰花板复原；

（5）室内水泥地坪、水磨石和花砖地坪复原；

（6）室内天花、墙面新做涂饰；

（7）室内木门、钟楼木楼梯复原；

（8）电气工程；

（9）室外排水工程等。

第七阶段：全面开荒保洁，完成项目竣工验收。

1.4 主要施工流程

室外场地清理→临时设施、围挡布设→建筑室外场地地下勘查→现场精细化查勘→施工前影像资料收集及三维激光扫描→室内清理和构件保护性取卸保存→门窗洞临时钢支撑→地面封板保护→脚手架搭设→非结构性构件拆除→结构加固→屋架屋面复原和修缮→结构性构件拆除（插层、后加隔墙、混凝土梁等）→外墙修缮（墙面、门窗、雨水管）→室内修缮工程→室内装修及安装工程→脚手架拆除→场地内新做排水沟→全面开荒保洁→竣工验收→项目移交。（图2.1.1）

图2.1.1 修缮过程中的鸟瞰图

2. 主要技术和修缮特色

2.1 修缮全过程的精细化查勘

为了更全面地恢复文物建筑的历史原貌，在文物修缮原则下更科学、合理地进行修缮，施工单位在进场后首先结合设计图纸、建筑勘察文件等技术资料对教堂进行了精细化查勘。主要的工作包括：施工前对教堂及其周边范围进行考古调查勘探；在能及的部位详细查勘，通过摄影结合图纸标注的方式记录建筑构件的残损部位和情况；运用三维激光扫描技术对文物建筑进行全面测绘，留存原始信息；采用红外热成像技术对建筑外立面的完损（空鼓）情况进行查勘；在脚手架搭设后再对之前不可及的部位进行详细查勘；采用无人机航拍手段对教堂的全过程修缮进行全方位查勘；全过程对建筑进行沉降、倾斜观测；对建筑的木材进行材质分析。

2.1.1 对保护范围内的区域进行考古调查勘探

在施工前，委托专业单位对教堂建筑保护范围内的区域作全面的考古勘探，以期更进一步挖掘文物建筑的历史价值和信息，为后续全面修缮提供科学、合理的依据。通过勘探，未发现早期遗迹现象，仅在小经堂北侧墙体立面下部及北侧空旷地表发现现代墓葬10座，本次修缮对其作原址保护。（图2.2.1—图2.2.11）

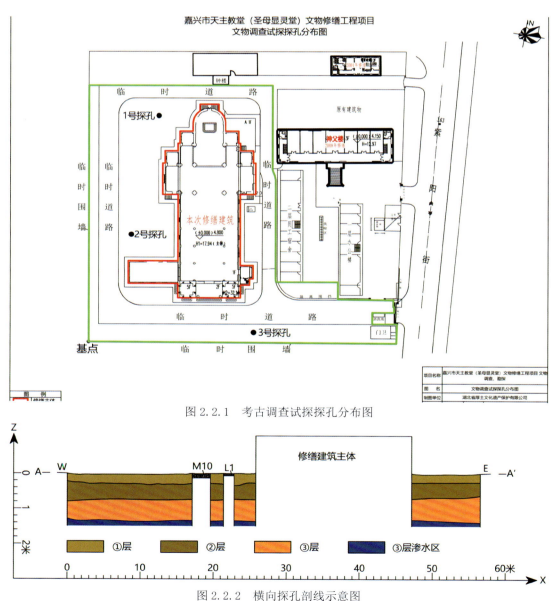

图2.2.1 考古调查试探探孔分布图

图2.2.2 横向探孔剖线示意图

图 2.2.3 考古调查试探工作照

图 2.2.4 RTK 布孔工作照

图 2.2.5 探孔土样照

图 2.2.6 墓室特写

图 2.2.7 墓室结构特写

图 2.2.8 墓碑特写及碑文释意

图 2.2.9　试探探孔层出土遗物照

图 2.2.10　地表采集遗物照

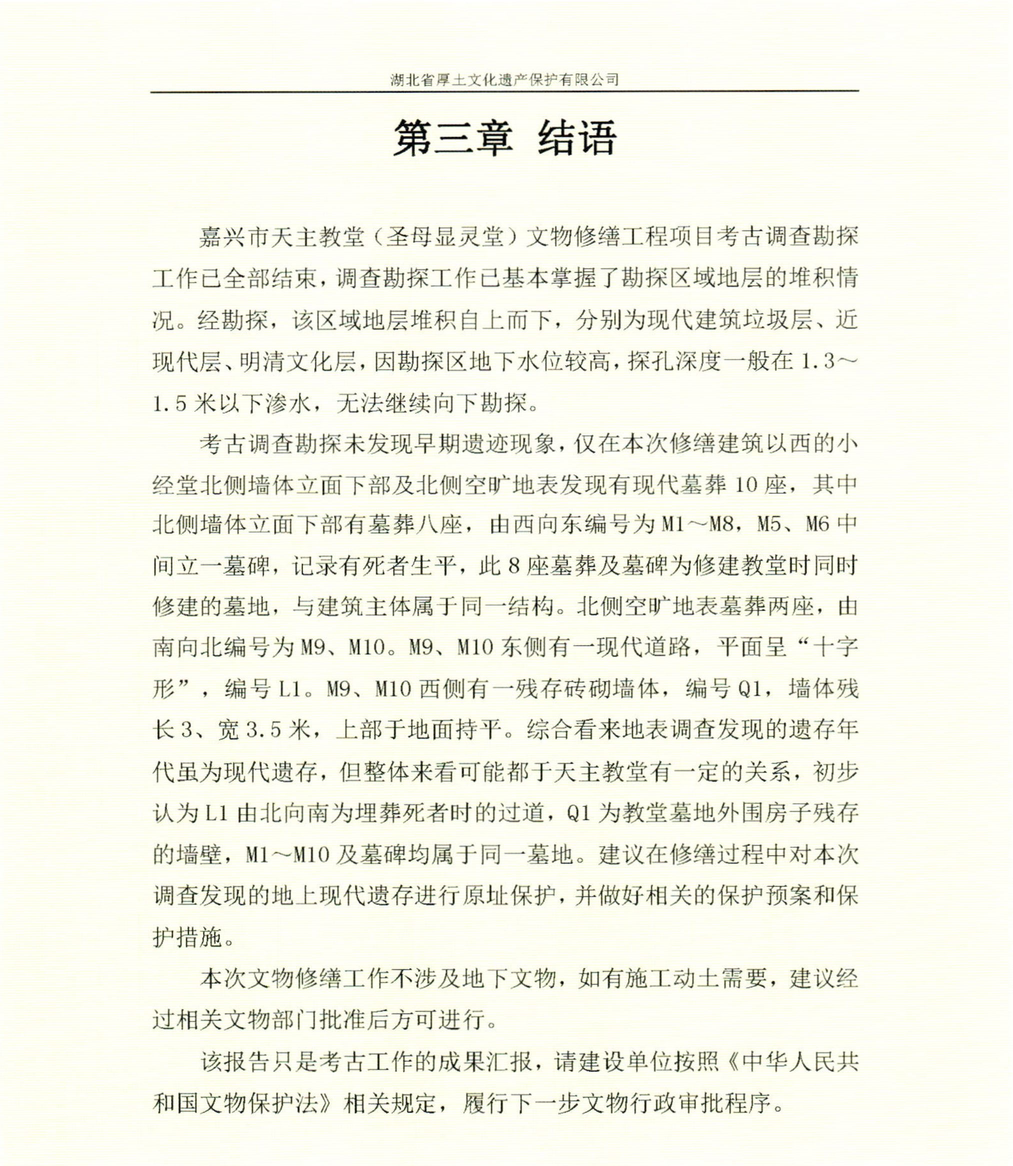

湖北省厚土文化遗产保护有限公司

第三章 结语

　　嘉兴市天主教堂（圣母显灵堂）文物修缮工程项目考古调查勘探工作已全部结束，调查勘探工作已基本掌握了勘探区域地层的堆积情况。经勘探，该区域地层堆积自上而下，分别为现代建筑垃圾层、近现代层、明清文化层，因勘探区地下水位较高，探孔深度一般在 1.3～1.5 米以下渗水，无法继续向下勘探。

　　考古调查勘探未发现早期遗迹现象，仅在本次修缮建筑以西的小经堂北侧墙体立面下部及北侧空旷地表发现有现代墓葬 10 座，其中北侧墙体立面下部有墓葬八座，由西向东编号为 M1～M8，M5、M6 中间立一墓碑，记录有死者生平，此 8 座墓葬及墓碑为修建教堂时同时修建的墓地，与建筑主体属于同一结构。北侧空旷地表墓葬两座，由南向北编号为 M9、M10。M9、M10 东侧有一现代道路，平面呈"十字形"，编号 L1。M9、M10 西侧有一残存砖砌墙体，编号 Q1，墙体残长 3、宽 3.5 米，上部于地面持平。综合看来地表调查发现的遗存年代虽为现代遗存，但整体来看可能都于天主教堂有一定的关系，初步认为 L1 由北向南为埋葬死者时的过道，Q1 为教堂墓地外围房子残存的墙壁，M1～M10 及墓碑均属于同一墓地。建议在修缮过程中对本次调查发现的地上现代遗存进行原址保护，并做好相关的保护预案和保护措施。

　　本次文物修缮工作不涉及地下文物，如有施工动土需要，建议经过相关文物部门批准后方可进行。

　　该报告只是考古工作的成果汇报，请建设单位按照《中华人民共和国文物保护法》相关规定，履行下一步文物行政审批程序。

图 2.2.11　勘探结论

2.1.2 运用无人机航拍设备对建筑全方位查勘

施工全过程运用无人机对教堂进行全面的拍摄。通过无人机拍摄，可进一步对常规视角无法发现的细节作出复原判断，并对修缮质量予以动态化监控，特别是对屋架、屋面修缮过程的质量控制，可以起到良好的监管效果，确保修缮工作的顺利进行。（图 2.2.12、图 2.2.13、图 2.2.14）

图 2.2.12　修缮前的嘉兴市天主教堂航拍照（一）

图 2.2.13　修缮前的嘉兴市天主教堂航拍照（二）

图 1.2.14 修缮中的嘉兴市天主教堂航拍照

2.1.3 运用三维激光扫描技术对建筑整体进行测绘，留取各细部的数据信息

修缮前期采用三维激光扫描技术对建筑进行了整体测绘扫描，特别是外立面的花饰线脚、拱圈装饰花板、罗马柱柱帽、室内花饰灯台、花板等装饰性构件，通过扫描，可以更科学、精确地对缺失部位进行尺寸推算和复原。（图2.2.15）

图2.2.15　运用三维激光扫描技术对建筑进行测绘

2.1.4 运用红外热成像技术对建筑外立面完损情况进行查勘

由于历经百年沧桑，建筑外立面的纸筋灰装饰面层出现了大面积剥落、空鼓、开裂。为遵循文物建筑修缮的最小干预原则，最大程度地保留原始的纸筋灰，故采用红外热成像技术对建筑外立面进行全面勘察。只对空鼓、剥落、开裂部位进行按原材质新做的手段，其余未空鼓的部位均作保留。（图 2.2.16）

图 2.2.16　运用红外热成像技术对建筑外立面完损情况进行查勘

2.1.5 运用相机设备对现场全面查勘

在施工前对教堂作了全面的拍摄工作,主要包括对外立面、室内的修缮前原状以及主要缺陷作详细的勘察和记录。特别针对破损较为严重的部位,如外立面墙体、门窗、屋架屋面、室内各类地面装饰、结构性构件、室内外花饰花板等。通过全面勘查,制定针对性修缮措施,确保修缮工作的顺利进行。

(1)修缮前的建筑状况(图2.2.17—图2.2.28):

图2.2.17 东、南立面

图2.2.18 北立面(小经堂)

图2.2.19 北立面

图2.2.20 东立面靠南侧

图2.2.21 东立面

图2.2.22 被后期封堵的南立面

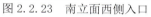
图 2.2.23　南立面西侧入口

图 2.2.24　西北立面转角

图 2.2.25　西立面（小经堂）

图 2.2.26　南立面（小经堂）

图 2.2.27　小经堂墙体被绿植扎根

图 2.2.28　钟楼

（2）外立面的主要缺陷（图2.2.29—图2.2.34）：

图 2.2.29　彩绘窗残损严重

图 2.2.30　粉刷层大面积脱落

图 2.2.31　绿植遍布，水渍严重

图 2.2.32　裂缝贯穿墙体

图图 2.2.33　花饰檐口缺失一段

图 2.2.34　砖墙鼓凸，濒临坍塌

(3)屋面的主要缺陷(图2.2.35、图2.2.36、图2.2.37):

图 2.2.35 原有屋面严重损毁

图 2.2.36 原有屋面大面积缺失

图 2.2.37 大堂屋面被后期改为机制平瓦

(4)修缮前的室内空间(后期遭改动)(图2.2.38—图2.2.47):

图 2.2.38 内墙面粉刷层脱落

图 2.2.39 忏悔室入口被大面积封堵

图 2.2.40 忏悔室拱圈下空间被封堵

图 2.2.41 拱圈板条基层脱落

图 2.2.42　前厅后加插层

图 2.2.43　前厅后加插层、隔墙及楼梯

图 2.2.44　前厅后加插层及楼梯

图 2.2.45　前厅后加隔墙

图 2.2.46　前厅后期加建的混凝土梁、隔墙

图 2.2.47　前厅后期加建的隔墙

（5）室内天花修缮前状况与缺陷（图 2.2.48—图 2.2.53）：

图 2.2.48　侧廊板条穹顶缺损严重

图 2.2.49　侧廊板条天花粉刷层掉落

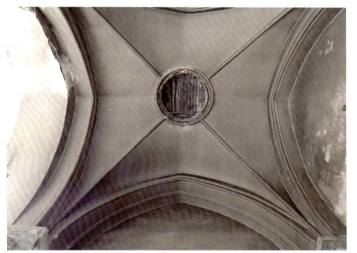
图 2.2.50　忏悔室屋面采光孔被封堵

图 2.2.51　前厅后加屋面破损严重

图 2.2.52　小经堂屋面破损、局部坍塌

图 2.2.53　小经堂屋面濒临坍塌

（6）地面修缮前状况与缺陷（图2.2.54—图2.2.59）：

图2.2.54　后厅花砖地面相对完整

图2.2.55　祭坛台阶水磨石残损严重

图2.2.56　花砖大面积缺失

图2.2.57　花砖开裂

图2.2.58　花砖和水磨石地面被后期水泥不合宜修补

图2.2.59　水磨石表面残损

（7）室内外花饰花板修缮前状况与缺陷（图2.2.60—图2.2.69）：

图2.2.60　侧廊拱圈板条脱落、花饰缺失

图2.2.61　拱圈板条脱落

图2.2.62　拱脚平台花饰破损

图2.2.63　拱圈花饰表面被粉刷覆盖

图2.2.64　花饰板条和墙体脱离

图2.2.65　花饰柱帽被绿植覆盖

图 2.2.66 漏窗花板缺损

图 2.2.67 神像台底部花饰局部缺失

图 2.2.68 主立面拱圈花饰缺失

图 2.2.69 钟楼栏板花饰缺失

2.1.6 全过程对建筑进行沉降、倾斜观测

为保证修缮过程中建筑的安全性，全面掌握建筑的变形情况，对其作了全面沉降、倾斜观测。（图 2.2.70—图 2.2.74）

图 2.2.70 现场沉降观测

图 2.2.71　墙体垂直倾斜度标高测量

图 2.2.72　墙体垂直倾斜度测量

图 2.2.73　沉降观测点和垂直倾斜观测点

技术咨询报告

TECHNICAL CONSULTATION REPORT FOR BUILDINGS

报告编号：2021-咨-0062

报告名称： 嘉兴天主教堂维修施工项目房屋变形监测报告
Report Title

委托单位： 上海住总集团建设发展有限公司
Client

上海浦东房屋质量检测有限公司

二〇二一年七月十日

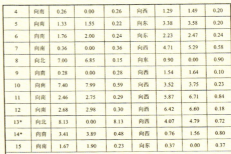

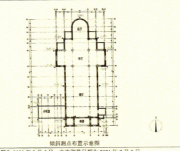

图 2.2.74 技术咨询报告

2.1.7 对教堂木材进行材性分析

由于教堂的多处木构件已缺失,为确保复原的木材遵循原材料、原形制的要求,对残存的木材进行材质检测鉴定(图2.2.75),主要选取的部位包括:门窗、屋架、楼梯等,经检测鉴定为硬木松。这和前期资料收集中发现的比利时鲁汶大学工学院教授高曼士(Thomas Coomans)的著文《人造天穹:中国教堂中的哥特拱顶》中的内容不谋而合:浙江嘉兴的大教堂建于1920至1930年初,由法国传教士建筑师韩日禄设计,……俄勒冈州松购自上海祥泰木行。文中的俄勒冈州松即为硬木松,故本次对教堂修复所采用的木材均为松木。

图2.2.75　检验检测报告

2.2 建筑结构与空间复原

修缮前，教堂墙体残损不堪，檐口、腰线多处缺失，并遭受各类绿植侵害，除了青苔、杂草，更有小树成片。植物根系或扎入墙体，或附墙而生，严重影响墙体的结构安全。此外，墙体多处门窗洞均被后加砖砌筑封堵，砖拱窗洞缺失，檐口部位几乎全部损坏。教堂前室部位在后期还增加了一层混凝土插层，并相应增加了混凝土梁及隔墙、楼梯。

本次修缮先对各门、窗洞以及具有安全隐患的部位作全面临时钢支撑加固；对后加封堵的砖墙进行全面拆除；采用针对性的绿植清理技术对墙面、墙体内的绿植进行彻底清除；对墙体缺失的拱券和孔洞给予镶补；对缺失的檐口和天沟进行复原；对小经堂檐口砖砌花饰线脚和钟楼外墙檐口作全面修复；将教堂内部后加的隔墙、插层全面拆除，恢复建筑原有的空间。

2.2.1 施工前临时支撑

在施工前，采用槽钢对建筑内外的门、窗洞以及存在安全隐患的部位进行全面的临时支撑保护。对变形严重的墙体、裂缝严重的部位也做好临时支撑措施（图 2.2.76）。

图 2.2.76　施工前临时支撑

2.2.2 后加封堵墙体的拆除

建筑在后期使用过程中外立面多处窗洞、门洞被砖砌封堵。本次修缮根据历史照片、设计图纸和现场勘查资料，对后加的砖砌进行拆除，恢复建筑原有的立面形式。为最大程度保证拆除过程不对原墙体造成损害，采用手工拆除结合局部静力切割（以控制振动和外立冲击）的方式进行拆除施工。（图2.2.77—图2.2.80）

图2.2.77 拆除后加的楼梯

图2.2.78 拆除窗洞部位后加封堵的墙

图2.2.79 拆除后加砖墙

图2.2.80 拆除南立面入口处后加封堵的墙体

2.2.3 对墙体进行全面的绿植清理

建筑墙体最严重的病害即是绿植侵蚀。经过前期勘察，绿植侵蚀主要包括墙面大面积苔藓覆盖、杂草遍布、檐口上方小树丛生。树的根系牢牢扎入墙体内，给墙体的结构带来严重的安全隐患。施工人员先用手工刀刮除表面的苔藓，铲除杂草，并在苔藓、杂草所在的墙面上喷涂专用的除菌剂、除苔藓剂以确保彻底根除菌体。对绿树的清理，除了清除绿树本身外，更重要的是对扎入墙体的根系作全面的清除。通过手工掏挖砖墙的方法，将砖块一块块剥离，找出墙体内的根系并全面清除后，将砖块复砌到原位。对较粗的根系，采用分段切割、分段摘取的方式进行清除。（图2.2.81—图2.2.86）

图 2.2.81　除绿植工具和药剂准备

图 2.2.82　墙体表面苔藓清除

图 2.2.83　除苔藓剂喷涂

图 2.2.84　绿植切割

图 2.2.85　墙体表面绿植清理

图 2.2.86　绿植清理

2.2.4 对墙体缺失的拱券、孔洞等给予镶补

（1）拱券复原（图2.2.87—图2.2.90）：

由于建筑局部的窗洞后期遭受封堵,原拱券部分已被破坏。本次修缮先对残存的拱券尺寸和样式进行放线，据此制作出拱形木模具，将完成的模具安放在需补砌的部位后，对拱券进行补砌复原。复原的拱券和周边完好的拱券大小一致。

图2.2.87 模具制作

图2.2.88 模具就位

图2.2.89 拱券补砌

图2.2.90 砌筑完成

（2）檐口及天沟复原（图2.2.91—图2.2.96）：

经前期查勘，建筑的檐口基本全毁，在清理完檐口上方的绿树、杂草、杂物后，根据历史照片、设计图纸和测绘资料等对檐口进行补砌复原。对残缺的花饰腰线，根据历史样式给予复原。在檐口的内侧，新做钢筋混凝土排水天沟，以完善屋面的排水系统。

图 2.2.91　檐口补砌

图 2.2.92　檐口腰线砌筑

图 2.2.93　檐口压顶砌筑

图 2.2.94　砌筑后粉刷平整

图 2.2.95　檐口天沟浇筑、油光

图 2.2.96　浇筑完成的天沟

2.2.5 小经堂檐口砖砌花饰线脚复原

由于小经堂檐口砖砌花饰腰线破损严重，且下部墙体严重鼓凸，存在结构安全隐患。此次修缮，先对其进行保护性拆除，在对墙体进行结构加固、增加钢筋混凝土圈梁后，按原样复砌了檐口的花饰腰线（图2.2.97）。

图2.2.97 小经堂檐口砖线脚复原

2.2.6 钟楼外墙檐口修复

建筑南立面钟楼檐口破损严重，出现了大面积残缺、砖块松动的现象。施工人员先对松动的砖块、杂物进行全面的清理，通过植筋、支模、分层浇筑混凝土的方式，在保证安全的前提下复原钟楼的檐口（图2.2.98—图2.2.101）。

图2.2.98 钢筋绑扎、支模

图2.2.99 分层浇筑混凝土

图2.2.100 表面粉刷平整

图2.2.101 修复后的钟楼檐口

2.2.7 教堂内部空间复原

1982年，教堂转交给嘉兴市第一医院，供其兴办护士学校，学校在教堂内增加了一层插层，从而改变了教堂内原有的空间格局。本次修缮对教堂的空间给予全面复原，即拆除后加的插层、墙体、混凝土梁柱、楼梯等，为了把拆除工作对建筑的影响降低到最小，基本采用人工拆除结合局部静力切割的技术。（图2.2.102—图2.2.108）

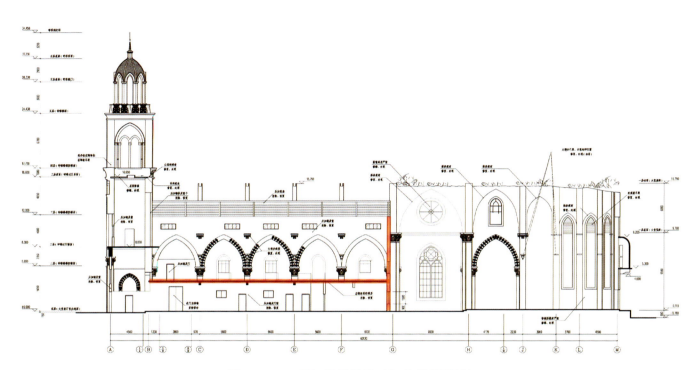

图 2.2.102　后加插层拆除（红色线条区域）

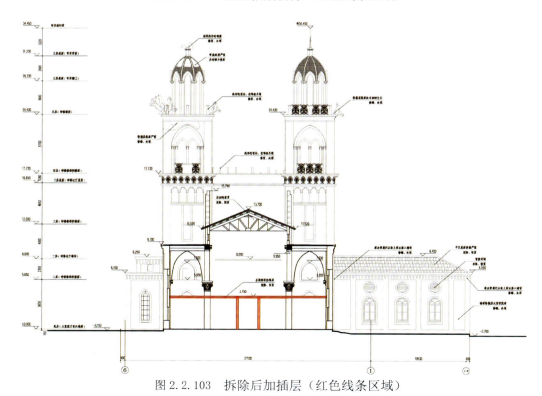

图 2.2.103　拆除后加插层（红色线条区域）

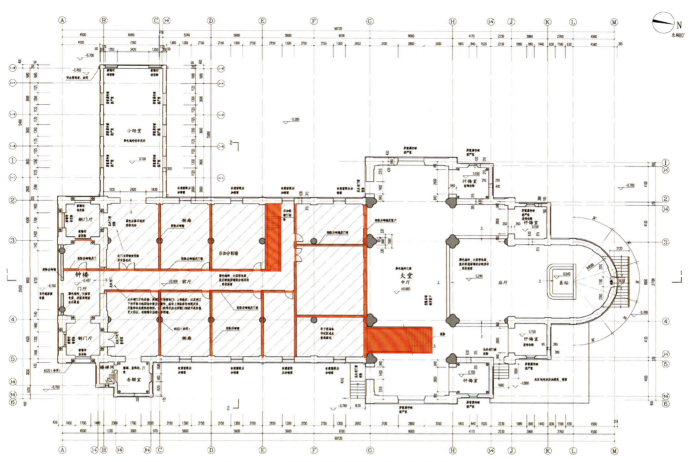

图 2.2.104　拆除后加插层（红色线条区域）

图 2.2.105　拆除插层

图 2.2.106　拆除插层混凝土预制板

图 2.2.107　拆除后加的楼梯

图 2.2.108　拆除一层后加的隔墙

2.3 结构加固

修缮前教堂存在的结构性问题主要包括：墙体鼓凸、变形、开裂等，建筑钢筋混凝土构件（立柱、楼板）露筋，钢筋锈蚀、表面剥落。

对墙体裂缝，根据其宽度、长度和位置的不同，分别采用了注浆（天然水硬性石灰微收缩注浆料），环氧树脂填缝加扒钉，对鼓凸、错位、变形部位局部采用拆砌、换砖等手段，在修补后整体用钢板网水泥砂浆加固墙面。

对钢筋混凝土构件裸露锈蚀的钢筋，先采用人工除锈与混凝土表面涂刷渗透性钢筋阻锈剂相结合的方式进行处理，然后清理钢筋锈蚀区域的混凝土表面杂质和松散混凝土，分层涂刷两道阻锈剂，对有钢筋折断或缺损的，采用相同直径的钢筋绑扎搭接。对混凝土局部剥落，采用C30细石混凝土进行修补，修补前先凿去松散混凝土，使锈蚀钢筋完全裸露并除锈，刷一道粘结剂后支模浇筑细石混凝土，最后进行表面粉刷平整。本次针对钢筋混凝土构件的修复，在局部部位还尝试性采用了电化学修复法，以此缓解未裸露钢筋的锈蚀、改善混凝土强度和防水性能。

为了保证建筑的安全稳定，在施工前对门窗洞口以及结构薄弱等部位均设置了临时钢支撑支护，在修缮过程中定期进行了基础沉降和墙体倾斜监测工作，最终顺利完成了教堂的结构加固工作。

2.3.1 墙体加固

（1）扒钉加固（图2.2.109—图2.2.113）：

根据设计要求，对宽度在0.5～2cm的裂缝，采用扒钉结合环氧树脂填缝进行加固。在对墙面进行清理后，对裂缝部位进行钻孔，布设扒钉，并注入环氧树脂，最后完成整个裂缝的加固工作。

图2.2.109　施工前贯穿墙体的裂缝

图 2.2.110　墙面清理

图 2.2.111　沿裂缝钻孔

图 2.2.112　完成环氧树脂扒钉加固

图 2.2.113　扒钉布设

（2）压密注浆（图 2.2.114、图 2.2.115）：

根据设计要求，对宽度在 0.5cm 以下的裂缝，采用注浆方式进行加固。经过全面的检查，在对室内外墙体上该类裂缝定位后，进行全面的注浆工作。

图 2.2.114　注浆准备

图 2.2.115　墙体注浆

（3）外墙内侧钢板网片加固（图2.2.116、图2.2.117）：

根据设计要求，对墙体抹灰的区域采用钢板网加水泥砂浆面层加固。在对钢板网进行固定后，采用手工分层粉制水泥砂浆面层。

图2.2.116 铺设钢板网

图2.2.117 墙面钢板网加固

2.3.2 钢筋混凝土柱加固

（1）钢筋混凝土柱外表完好，对内部钢筋进行除锈（图2.2.118—图2.2.123）：

根据设计要求，本次结构修缮对局部钢筋混凝土柱采用电化学法进行除锈。电化学修缮是一种无损的修复方法，处理时将钢筋作为阴极，设置临时的外加阳极，可以通过外加电场去除混凝土内的氯离子，并可通过电化学处理过程中阴极周围水分子电解产生的氢氧根离子和电解液本身的碱性来恢复混凝土的碱性。同时，电解液中含有阻锈基团的阳离子也能通过电场迁移至钢筋表面，进一步起到缓蚀作用。

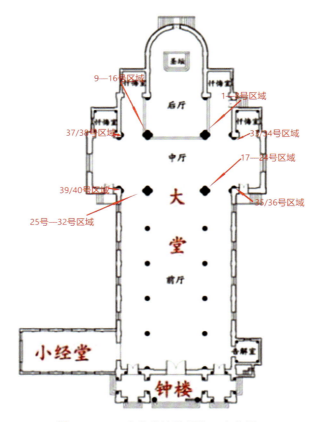

图2.2.118 电化学法除锈施工点位图

图 2.2.119 检测钢筋锈蚀

图 2.2.120 敷贴电解质纸浆

图 2.2.121 铺设中层钢丝网

图 2.2.122 包裹纸浆外层

图 2.2.123 通电实施电化学法除锈

（2）对钢筋混凝土柱剥落、锈蚀、露筋进行修缮（图 2.2.124—图 2.2.129）：

根据设计要求，对混凝土构件裸露锈蚀的钢筋，具体采用人工除锈与混凝土表面涂刷渗透性钢筋阻锈剂相结合的方式进行处理。先清理钢筋锈蚀区域混凝土表面杂质和松散混凝土，然后分层涂刷两道阻锈剂，对钢筋缺失的部位，采用相同直径的钢筋进行绑扎搭接。对混凝土局部剥落的部位，去除松散混凝土后采用细石混凝土进行修补。

图 2.2.124　混凝土局部露筋、锈蚀、混凝土缺损

图 2.2.125　凿除松散的混凝土

图 2.2.126　钢筋除锈、清理

图 2.2.127　涂刷钢筋防锈漆

图 2.2.128　缺损部位修补

图 2.2.129　水泥修补混凝土柱

2.3.3 钟楼混凝土构件加固

经前期勘察，原混凝土立柱由于长期裸露在外，锈蚀、露筋和局部剥落现象严重。根据设计要求，对混凝土构件裸露锈蚀的钢筋，采用人工除锈与混凝土表面涂刷渗透性钢筋阻锈剂相结合的方式进行处理，先清理钢筋锈蚀区域混凝土表面杂质和松散混凝土，然后分层涂刷两道阻锈剂，对钢筋缺失的部位，用相同直径的钢筋进行绑扎搭接。对混凝土局部剥落的部位，去除松散混凝土后采用细石混凝土进行修补。（图2.2.130—图2.2.135）

图2.2.130 凿除松动混凝土

图2.2.131 钢筋除锈

图2.2.132 钢筋补接补焊

图2.2.133 局部新增钢筋

图2.2.134 局部水泥修补

图2.2.135 修复后的穹顶混凝土框架

2.4 屋面复原

修缮前,教堂的东钟楼钢筋混凝土穹顶已千疮百孔,水泥鱼鳞瓦片大面积缺失;小经堂屋面木屋架腐烂严重,濒临坍塌,现存的机制平瓦屋面应为后期所换;大堂前室部位为后期所改的钢制屋架机制平瓦屋面,改动后的屋面标高明显降低,大堂其余部位的屋面部分已荡然无存,檐口一圈破损严重,小树杂草丛生;忏悔室等部位的钢筋混凝土平屋面均有不同程度的混凝土露筋、开裂、渗水现象。

针对东钟楼钢筋混凝土穹顶,在增补钢筋后对孔洞部位支模浇筑混凝土,对于缺失的水泥鱼鳞瓦片,采用手工开模制作的方泫定制,最后将其按原样全面铺贴到混凝土穹顶表面;对于大面积缺失的大堂屋面,在对后加屋面拆除过程中在现场进行了大量查勘,在钟楼的北侧立面发现了原屋面的痕迹,再结合历史照片,从多个角度进行视角比对,终于确定了原大堂屋面的高度和坡度。由于进场时小经堂、前室的屋面都为机制红色平瓦屋面,考虑到其均为后加之物,原始屋面所用的瓦片到底为何种形制?大量的历史照片由于年代已久,清晰度较差,故无法直接给出答案。施工单位对嘉兴地区同时期的建筑进行了大量的调研,文生修道院、毗邻的神父楼、沈增植故居等,甚至宁波的江北天主教堂,均为小青瓦屋面。据此推测,本教堂的屋面历史原貌应为小青瓦屋面。又根据神父楼的小青瓦规格,寻找了多批老瓦,经过进一步检验、筛选最终选定了一批质量完好的用于教堂屋面。对于小经堂屋面,在拆除后,与大堂屋面一样,在木屋架、木檩条、木椽、木望板铺设后,做防水卷材、不锈钢天沟和斜沟等,最后全面铺设小青瓦屋面。

2.4.1 大堂木屋架小青瓦复原

(1)大堂屋面原始高度的考证(图2.2.136—图2.2.142):

在前期勘察中发现,大堂的屋面大部分已缺失,仅有的前室区域的屋面也在后期被改造并降低了一定的高度。通过对历史照片的研读,从多个角度对比分析,并从墙面残存的痕迹中发现了屋面原有的坡度和标高信息,据此通过测绘得到了原始屋面的标高和坡度(1:2)。

图 2.2.136 大堂屋面修缮前状况

图2.2.137 对历史图纸的研读分析屋面的原始标高

图2.2.138 找寻多个角度的历史图纸分析屋面的原始标高

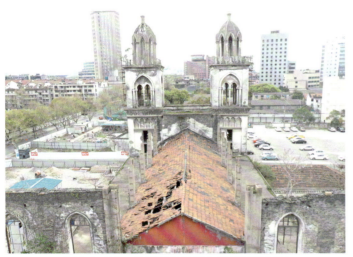
图2.2.139 从墙面的细节分析原屋架标高

图2.2.140 从残存的痕迹中推测原屋面的坡度

图2.2.141 现场放样确定屋面的坡度为1:2

图2.2.142 各方确认后对屋面标高进行复原

（2）大堂原十字屋架及小青瓦屋面复原（图 2.2.143—图 2.2.160）：

通过前期大量的调研和测绘工作，确定了原始屋面的标高和坡度，据此对大堂屋面进行全面复原。主要的施工包括：木屋架小样的制作和确认，新做木屋架（材质同小经堂，为老洋松），待完成吊运后依次安装木檩条、木椽子、木望板、铺设防水层和小青瓦，还有对屋面避雷带、天沟等细部构造的施作。

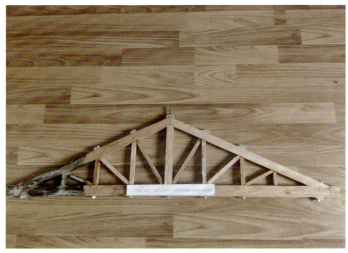

图 2.2.143　木屋架小样制作和确认

图 2.2.144　施工现场堆放的新做木屋架

图 2.2.145　木屋架吊运

图 2.2.146　木屋架固定

图 2.2.147　木屋架安装

图 2.2.148　木檩条固定

图 2.2.149　固定木椽子

图 2.2.150　对木望板做三防处理

图 2.2.151　铺设木望板

图 2.2.152　铺设防水卷材

图 2.2.153　比选小青瓦

图 2.2.154　吊运小青瓦

图 2.2.155　制作屋脊

图 2.2.156　铺设小青瓦

图 2.2.157　铺设底瓦和盖瓦

图 2.2.158　安装屋面避雷带

图 2.2.159　天沟防水施工

图 2.2.160　屋面复原完成

2.4.2 小经堂木屋架小青瓦复原

由于小经堂的屋面濒临坍塌，本次修缮先对屋架、屋面进行了拆除，后根据原样式、原木材材质（老洋松）新做木屋架，现场吊运就位后，依次安装木檩条、木椽子、木望板，铺设防水层、小青瓦。（图2.2.161—图2.2.172）

图 2.2.161　小经堂屋面修缮前状况

图 2.2.162　小经堂屋面修缮前状况航拍

图 2.2.163　对原残损不堪的屋架进行拆卸

图 2.2.164　屋架拆除后临时支撑加固

图 2.2.165　吊运固定新屋架

图 2.2.166　安装木檩条

图 2.2.167　安装木望板

图 2.2.168　铺设防水层

图 2.2.169　制作屋脊

图 2.2.170　铺设小青瓦

图 2.2.171　小青瓦铺设完成

图 2.2.172　复原后的屋面和屋架

2.4.3 钟楼混凝土穹顶鱼鳞片装饰屋面复原

经勘查,东侧钟楼穹顶混凝土残损严重,可谓千疮百孔,鱼鳞片装饰也大面积脱落。西侧钟楼也存在鱼鳞片缺失的情况,但损坏情况较东侧钟楼轻。本次修缮对穹顶残缺的部位进行补筋、补浇混凝土,对拱肋部分采用专用修复砂浆进行修补。并按原样式手工制作水泥鱼鳞片装饰,并将其复原于缺失部位。为保证整体视觉的协调,对新补的鱼鳞片作适当拼色和做旧处理,赋予其一定的历史沧桑感。(图2.2.173—图2.2.190)

图2.2.173 钟楼穹顶屋面修缮前状况

图2.2.174 东侧钟楼穹顶残损严重

图2.2.175 对原千疮百孔的混凝土穹顶进行支模

图2.2.176 对残存钢筋做除锈处理

图2.2.177 添补钢筋

图2.2.178 用专用修复砂浆修补拱肋

图 2.2.179 对残缺的拱门部位支模浇筑混凝土

图 2.2.180 对空洞部位浇筑混凝土

图 2.2.181 表面抹光

图 2.2.182 鱼鳞片小样制作后对比

图 2.2.183 按原鱼鳞纹样式制作磨具

图 2.2.184 制作鱼鳞片

图 2.2.185 制作完的水泥鱼鳞片

图 2.2.186 安装鱼鳞片

图 2.2.187 安装完成的水泥鱼鳞片

图 2.2.188 对局部破损的鱼鳞片进行修复

图 2.2.189 表面统一做旧

图 2.2.190 完成表面做旧的鱼鳞片穹顶

2.5 外立面修缮

修缮前，建筑外立面表面的纸筋灰大面积起壳、脱落，表面裂缝较多，水渍痕迹遍布；外立面雨水管大部分缺失，导致排水系统损坏；钟楼的混凝土栏杆存在局部缺损、露筋以及钢筋锈蚀等现象。

根据设计要求和现场勘查后总结的问题，外立面的修缮工作主要包括：对空鼓纸筋灰的剥离；采用原材料、原工艺复原纸筋灰墙面，并在表面采用特制的做旧工艺，确保建筑整体不失历史沧桑感；根据历史资料恢复铸铁雨水管；对钟楼混凝土栏杆进行复原修缮。

本次外立面修缮的一大特色是对墙面的做旧处理。由于纸筋灰做完的墙面整体白中泛黄，如不采取做旧手段，将导致整个教堂感观过新，作为历经百余年的文物建筑将缺失一种历史沧桑感。因此，寻求一种合适的做旧方法，让教堂既保持整体观感协调又具历史沧桑感，成了工程需要解决的问题。

2.5.1 对墙面空鼓的抹灰层进行凿除

在前期通过红外热成像仪对外立面空鼓的抹灰层定位后，手工凿除空鼓、开裂的抹灰层。在凿除后对砖面作清缝处理，剔除缝隙中松散物质。除了对大面的空鼓层进行凿除外，对拱圈、腰线部位的空鼓层也进行了剥离。由于局部部位较难去除，故采用斩斧斩粉的方式，将空鼓层斩松后再作剥离。（图2.2.191—图2.2.196）

图 2.2.191 凿除空鼓的纸筋灰层

图 2.2.192 凿除粉刷层

图 2.2.193 凿除粉刷层后再做清缝处理

图 2.2.194 凿除腰线部位空鼓的纸筋灰层

图 2.2.195　斩除后加粉刷层　　　　　　　　　图 2.2.196　斩除空鼓的粉刷层

2.5.2　外立面纸筋灰墙面复原

本次外立面修复需大量用到纸筋灰材质，施工人员在现场定制了一处化灰池专用于储存纸筋灰。在对砖面、砖缝进行清理后，采用专用增强剂对砖墙进行增强处理以延长砖的寿命。按原材料、原工艺的修缮要求全面复原纸筋灰面层。拱圈、腰线、线脚、窗台等细部以及大面均用手工完成粉制，最后对纸筋灰表面作憎水保护。（图 2.2.197—图 2.2.206）

图 2.2.197　制作化灰池　　　　　　　　　图 2.2.198　对砖面做清理、清缝处理

图 2.2.199　对砖墙做增强处理　　　　　　　　　图 2.2.200　涂刷界面剂

图 2.2.201　粉刷底层

图 2.2.202　拌制纸筋灰

图 2.2.203　粉纸筋灰面层

图 2.2.204　粉拱圈纸筋灰

图 2.2.205　粉窗台纸筋灰

图 2.2.206　墙面做憎水保护

2.5.3 外立面做旧

在前期做了大量的讨论和研究工作后，初步确定以烟熏、机喷、壶喷、毛刷涂刷等多种方式进行小样分析。通过小样比选确定最终方案（表2.2.1、图2.2.207—图2.2.213）。

表2.2.1 外立面做旧方案比较

序号	方案	优点	缺点
1	烟熏法：通过烧柴，让烟熏黑墙面	形成随意的黑色边界，有深有浅，观感相对自然	施工过程存在火灾隐患，污染环境，烟熏的观感效果比较粗犷，黑色浓重
2	机喷法：采用气泵喷壶喷涂颜料	深浅可控，色泽均匀	成本较高，操作过于复杂，且设备沉重，不适用于外墙脚手架大面积施工；大面喷涂时，效果不够自然
3	壶喷法：采用喷壶喷涂颜料	经济实惠，深浅可控且色泽均匀，在脚手架上施工操作方便	整体施作效果不够自然
4	水壶浇灌法：不用喷壶，仅用水壶将水自上倒下，任凭其流动	经济实惠，操作简单，做旧效果为自然流淌形状，适合屋檐、窗台、墙面突起等不规则部位的做旧施工	黑色效果上深下浅，呈竖线状分布，不适合大面做旧
5	海绵法：用海绵蘸颜料拍在墙面上	经济实惠，操作简单	旧效果为块状痕迹，观感不够自然
6	滚筒涂刷法：用滚筒在墙上滚涂涂料	经济实惠，操作简单	大面操作时比较难以控制，做旧效果为宽直线形，整体观感人工痕迹比较明显，不够自然，且有流坠
7	毛刷涂刷法：用羊毛刷涂刷涂料	经济实惠，操作简单	做旧效果为直线，首尾比较毛糙，观感不够自然

图2.2.207 烟熏法

图2.2.208 机喷法

图 2.2.209　壶喷法

图 2.2.210　水壶浇灌法

图 2.2.211　海绵法

图 2.2.212　滚筒涂刷法

图 2.2.213　毛刷涂刷法

通过方案的比选和小样效果的检验，最终确定"大面壶喷结合局部水壶浇灌的做旧方法"。为了保证大面的相对均匀，采用壶喷的手段，在山面、檐口下方部位用水壶浇灌形成自然流淌的痕迹，以保证整体效果的自然。

在施工方法确定后，施工人员又对黑色颜料作了进一步改进，以保证颜色的使用耐久性和色泽的观感协调性，通过对墨水和色浆的配比研究、效果比较，选定一种合适的混合材料用于教堂立面的做旧。

表 2.2.2　材料调配比例记录表（一）

材料比例	1∶1	1∶2	1∶3
墨水∶水	色较浓，成团状	成团状	色较淡
墨水∶酒精	较分散，粘结度高	色较淡，分散，粘结度高	色较淡
色浆∶水	色较浓，易剥落	易剥落	色较淡，易剥落
色浆∶酒精	色较浓，易剥落	易剥落	色较淡，易剥落

通过对表 2.2.2 统计结果分析发现，色浆配制的材料在一段时间后均有局部剥落的迹象，不适合作为做旧材料。墨水与水配制的材料容易结成团状，不易晕开，导致最终效果不够自然。墨水与酒精配制的材料过于分散，导致颜色过淡。

施工人员在此基础上又增加了一组试验（表 2.2.3），最终确定了墨水、水、酒精的比例为 1∶2∶1，作为本次做旧材料的最佳配比。

表 2.2.3　材料调配比例记录表（二）

材料比例	1∶1∶1	1∶2∶1	1∶1∶2
墨水∶水∶酒精	色较浓	颜色、性能合理	色较淡

通过对材料的研究和施工方法的选择，最终完成了建筑外立面的整体做旧，达到了预期的观感效果（图 2.2.214）。

图 2.2.214　墙面做旧效果

2.5.4 外立面雨水管复原

由于外立面雨水管大量缺失,导致墙面水渍和墙体渗水严重。本次修缮根据历史照片和设计要求的样式定制了铸铁雨水管、落水斗。到现场安装后全面恢复了建筑的屋面排水功能。(图2.2.215、图2.2.216)

图2.2.215 安装落水管

图2.2.216 安装落水斗

2.5.5 钟楼栏杆修复

钟楼的混凝土栏杆由于在历史沿用过程中遭受损坏,出现大面缺失的情况,残存的杆件也多处出现露筋、钢筋锈蚀等情况。本次修缮尽可能对残存的栏杆进行修复,对缺失和损坏严重的部分按原样用钢筋混凝土材质进行复原。(图2.2.217—图2.2.220)

图2.2.217 钢筋绑扎、支模

图2.2.218 浇筑混凝土

图2.2.219 修补平整表面

图2.2.220 修复完成后的栏杆

2.6 彩绘玻璃复原

修缮前,外立面建筑门窗仅剩木质窗框,原彩色玻璃基本全无,个别窗框内仅存白、蓝单色玻璃残片,进场后,施工人员对现场所有木窗进行了排摸和查勘,在小经堂已被砖墙封堵的木窗内发现了零星几片铅条彩绘玻璃。通过进一步的考证分析,并对比本公司在同时期文物建筑修缮中遇到的铅条彩绘玻璃规格、材质和色彩,认为现场残存的单色蓝白玻璃应为后期置换之玻璃,并非历史原物。而小经堂的铅条玻璃色泽艳丽、做工考究、纹理精致、灯光下通透性较好,应为历史原物。其中彩绘玻璃厚3mm,铅条为平口造型,规格9mm×9mm。

考虑到玻璃面积较大,为确保铅条玻璃的安全,新做3mm厚铅条玻璃外侧增加一层5mm厚的钢化玻璃,并与铅条彩绘玻璃胶合,在木框内增加一圈3mm厚S304拉丝不锈钢边框使玻璃固定牢固。不锈钢框下部布设防震橡胶条,外立面在木框和不锈钢框交接部位以及不锈钢与玻璃交接部位采用耐候胶收口固定,以防雨水内渗。

本次修缮尽最大可能保留原木窗框,选用与原木材一致的洋松木,按原规格加工后补接、替换原腐烂、残损的窗框、窗扇木料,缺失严重的部位对其进行拆卸后按原样新做、安装。对窗框、窗扇修缮和安装完成后全面施作广漆,最后安装彩绘玻璃。

2.6.1 对彩绘玻璃窗的调查和考证

修缮前仅在现场发现白、蓝单色玻璃残片,当打开小经堂后期封堵窗洞的砖墙并发现残留的铅条彩绘玻璃后,施工人员及时将此发现上报设计单位、建设单位以及文物主管部门,通过现场的一次次对比、讨论,又多次组织专家研讨,最终确定了后发现的铅条彩绘玻璃才是建筑建成时期的原物(法国进口),给后续复原提供了样式和材质的依据。在后续的复原中,施工单位据此样式进行了全面的花纹元素和颜色的设计,原有的两片残片也被重新安装在了小经堂原来的窗洞部位。(图2.2.221—图2.2.227)

图 2.2.221 现场残存的白、蓝单色玻璃

图 2.2.222 打开封堵的砖墙后发现小经堂残存的彩绘玻璃

图 2.2.223 小经堂残存的铅条彩绘玻璃

图 2.2.224 该批白、蓝单色玻璃非历史原物（一）

图 2.2.225 该批白、蓝单色玻璃非历史原物（二）

图 2.2.226 该批铅条彩绘玻璃应为历史原物

图 2.2.227 残存的铅条彩绘玻璃作为后续整体复原的依据

2.6.2 外立面彩绘玻璃窗复原

本次外立面彩绘玻璃窗的复原中，优先对残留的木窗框进行修缮。遵循文物建筑修缮最小干预原则，尽可能利用原来的木框，仅对损坏严重和缺失的部位用原材质的木料进行替补，对整修完成的木窗框表面施作广漆，将定制完成的铅条彩绘玻璃窗到现场安装，完成外立面彩绘玻璃窗的复原。（图2.2.228—图2.2.243）

图 2.2.228 对损坏的木窗框用同材质的木料替换

图 2.2.229 按原样复原窗框木料

图 2.2.230 整修老窗框和更替木料

图 2.2.231 加固木窗扇铁曲尺

图 2.2.232 刷底漆

图 2.2.233 批灰

图 2.2.234 打磨

图 2.2.235 面漆（广漆）施工

图 2.2.236 分块编号（一）

图 2.2.237 分块编号（二）

图 2.2.238 固定窗框

图 2.2.239 安装彩绘玻璃窗（一）

图 2.2.240　安装彩绘玻璃窗（二）

图 2.2.241　打胶固定玻璃（一）

图 2.2.242　打胶固定玻璃（二）

图 2.2.243　安装完成的彩绘玻璃窗

2.7 室内修缮

室内大堂除了前室侧廊部位仍残存原始的木板条拱顶外,其余部位拱顶均已缺失。本次修缮除了对损坏的拱顶按原样、原材质进行局部修复外,还根据历史照片和设计图纸,采用木龙骨、木板条、三合细材料(水泥、纸筋石灰膏、黄砂混合料)对缺失部位的十字天花拱顶给予全面复原。

由于教堂内部结构在后期使用中遭受了较大的改动,前室增加了诸多隔墙,中室、祭坛区域的地面由于屋顶缺失而长期暴露在室外,直接导致室内多处花砖地坪断裂、缺失、空鼓、缺角、表面磨损等缺陷。与花砖地面相间的红色水磨石地面同样遭受严重破损:空鼓、起壳、孔洞、开裂、缺失随处可见。部分区域的地坪则在后期使用中通过简单的水泥补平处理,粗糙不堪。此外,小经堂花砖地坪两侧的网状水泥地坪也有大块缺失现象,祭坛处的红色水磨石祭台边角缺失、开裂严重。

教堂钟楼原有木楼梯(可通过其到达钟楼露台),修缮前的勘查工作中发现仅存零星木构件,已无完整的楼梯构件。通过现场残存的痕迹及木构件的尺寸和样式,采用老洋松(原材质)木材对木楼梯及楼梯平台进行全面复原,并对完成后的木楼梯表面施作广漆涂饰。

2.7.1 室内十字交叉拱顶天花复原

由于在前期查勘的时候室内的拱顶已不复存在,故根据历史照片和大堂侧廊残存交叉拱顶的做法对大堂的十字交叉拱顶进行复原。主要的复原工作包括:根据历史照片样式结合设计图纸的尺寸,在现场进行拱圈的放样;木龙骨及吊杆的制作和固定;拱圈的木骨架制作;依设计要求的弧度铺钉木板条;板条表面满铺钢丝网;粉刷三合细材料基层;拱肋粉制;最后粉纸筋灰面层。

(1)木龙骨、板条制作(图2.2.244—图2.2.251):

图2.2.244 拱圈放样　　　　　　　　　　图2.2.245 放线及拱圈木龙骨定位

图 2.2.246　固定吊杆

图 2.2.247　铺钉天花木板条

图 2.2.248　铺钉拱圈板条

图 2.2.249　铺钉祭坛区域天花板条

图 2.2.250　铺钉木板条表面钢丝网

图 2.2.251　拱顶板条施工完成

（2）粉刷与涂饰（图 2.2.252—图 2.2.257）：

图 2.2.252　粉刷三合细材料基层

图 2.2.253　粉出拱肋

图 2.2.254　粉纸筋灰面层

图 2.2.255　粉刷后的天花

图 2.2.256　涂饰表面

图 2.2.257　涂饰后的天花

2.7.2 室内地面修缮

本次修缮遵循"最小干预"原则,尽可能多地保留原始地面,仅对损坏严重、空鼓、起壳、缺损、松动的部位按原材料、原工艺进行修缮;对于红色水磨石地坪和水磨石祭坛,对原水磨石的级配和颜色进行分析和研究,并做了大量的小样,在通过专家确认后,凿除后期修补水泥或起壳、损坏部位的水磨石,根据小样的制作工艺修补水磨石地坪和祭坛。同样,对原始的花砖图案、色彩也进行了研究,并开模制作了多组颜色接近的小样,经专家确认后对缺失的部位进行补贴,对损坏严重的部位在剔除后进行镶补。对于小经堂的网状水泥地坪同样按此程序修缮。施工前所作的小样遵循"可识别"原则,与原始地面稍有颜色深浅差异,故修缮完成后的地坪基本做到远看整体协调、近看新旧可识别。

(1)施工前对地面的封板保护措施(图2.2.258):

为保证室内地坪不在施工过程中再次遭受破坏,修缮前施工单位对室内地坪作了全面的封板保护:先对地坪进行清理,清除杂物后满铺软垫。在软垫上进行封板防护。待到地坪修缮时方根据修缮的区域逐块打开封板。此方法很好地保护了现场的花砖、水泥和水磨石地坪。

图 2.2.258　施工前的地面保护

（2）小经堂水泥网格纹地面修复（图2.2.259、图2.2.260）：

教堂内仅小经堂一处为局部水泥网格纹地坪装饰。经查勘，除一块区域缺损外，其余保存完好。故对缺损部位用水泥进行修补，待成型硬化到一定程度后在表面刻划出网格纹路，同周边基本协调一致。

图2.2.259 大面积缺损修补

图2.2.260 完成修补后的水泥地面

（3）花砖地面复原（图2.2.261—图2.2.266）：

经前期查勘，建筑内部地面损坏的花砖较多，仅缺失的数量就多达原有花砖地坪总数的30%，且残存的花砖中接近半数已经损坏。本次修缮遵循"最小干预"原则，尽可能对原有花砖进行保存，仅对严重残损、开裂、空鼓的部位和大面积缺失部位铺贴复制后的花砖。对复制的花砖，施工单位做了多组小样，除了厚度、花型和原花砖一致外，对颜色也提出了较高的要求，做到了近看可识别、整体色泽协调统一的效果。

图2.2.261 全面检查，确定需更换花砖的区域

图2.2.262 对需局部整修的部位做好标识

图 2.2.263　确定按原样复制花砖的小样

图 2.2.264　按原样复原的花砖围边区域

图 2.2.265　对保留部位局部增补花砖围边

图 2.2.266　对原花砖修复后的表面做打蜡保护处理

（4）水磨石地面修复（图 2.2.267—图 2.2.278）：

现场的水磨石地面为白色石粒配红色水泥（白水泥加红色色粉调制）制作而成。由于历经百余年，且后期使用中遭受不同程度的破坏，多处地坪出现了缺失、开裂、孔洞等现象，部分孔洞甚至被水泥或杂物堵孔补平。本次修缮按原材料、原工艺对现场缺失的、损坏严重的以及后期不合宜修补的部位进行了全面修复。水磨石地坪修复的难度在于：保证修补的颜色和原有颜色相协调。施工单位在大面积修缮前做了大量的实验，确定了水泥、红色色粉、白色石粒的配合比，修复后的水磨石地面整体色彩协调，近看可识别，符合文物建筑的修缮原则。

图 2.2.267　剔除后期不合宜修补的水泥面层

图 2.2.268　对孔洞部位进行凿除处理

图 2.2.269 配制水磨石面层材质

图 2.2.270 修补局部孔洞（一）

图 2.2.271 修补局部孔洞（二）

图 2.2.272 填补残缺部位（一）

图 2.2.273 填补残缺部位（二）

图 2.2.274 大面填补水磨石前的基层处理

图 2.2.275　大面填补水磨石

图 2.2.276　打磨水磨石面层

图 2.2.277　水磨后的地面

图 2.2.278　修补完成的水磨石地面

（5）祭坛水磨石修复（修复原则同水磨石地面）（图 2.2.279）：

图 2.2.279　祭坛水磨石修复

2.7.3 钟楼木楼梯复原

经现场查勘,室内钟楼部位有残存木楼梯的痕迹。施工单位据此判断出木楼梯的走向和形制,本次修缮予以全面复原。复原采用与原木材一致的老洋松,加工后到现场安装,表面统一涂饰广漆。

(1) 对钟楼残存木楼梯的修缮(图2.2.280):

图2.2.280 残存木楼梯修复

(2) 对缺失的部位新做木楼梯及扶手栏杆(图2.2.281):

图2.2.281 对缺失的部位新做木楼梯及扶手栏杆

（3）对木楼梯及扶手施作广漆（图2.2.282、图2.2.283）：

图2.2.282　木楼梯及扶手施作广漆

图2.2.283　修缮后的木楼梯及扶手

2.8 花饰花板复原

修缮前通过全面查勘，教堂大大小小各类花饰花板近十余类，主要分布于拱券表面、外立面腰线、钟楼栏板、漏窗、柱帽、拱肋、灯台等部位。除了缺失的花饰花板外，残存的花饰主要存在松动、开裂、断裂、残缺、表面水泥覆盖等质量缺陷和安全隐患。施工单位逐一对各类花饰现存数量、缺失数量、损坏情况作了统计和整理（表2.2.4）。

表2.2.4 各类花饰花板数量统计表

序号	部位	应有数量（个）	残存（个）	缺失需增补（个）	损坏需修复（个）
1	室内侧廊及忏悔室门口连拱	416	183	233	149
2	室内屋架大肋拱	172	0	172	0
3	室内墙面拱肋台花饰	36	36	0	33
4	灯台花饰	22	22	0	18
5	大堂罗马柱柱帽（室内）	32	32	0	26
6	忏悔室罗马柱柱帽（室内）	20	8	12	6
7	南立面主入口大罗马柱柱帽（室外）	2	2	0	2
8	南立面主入口两侧拱门处罗马柱柱帽（室外）	16	16	0	9
9	东钟楼栏杆花板（大）	28	2	26	2
10	东钟楼栏杆花板（小）	28	0	28	0
11	西钟楼栏杆花板（大）	28	16	12	12
12	西钟楼栏杆花板（小）	28	3	25	3
13	钟楼之间平台栏杆花板（大）	9	0	9	0
14	钟楼之间平台栏杆花板（小）	9	0	9	0
15	室外漏窗花板（大）	12	11	1	6
16	室外漏窗花板（小）	4	3	1	3
17	南立面入口上方拱圈大花板	9	8	1	8
18	南立面入口上方拱圈小花板	27	27	0	15
19	南立面主入口两侧拱圈小花板	104	100	4	63
20	钟楼（17.73米标高处）腰线花饰	60	60	0	29
21	钟楼（6.61米标高处）腰线花饰	24	24	0	6

对于残存的花饰，遵循"最小干预"原则，对可修复的花饰采用原材料手工修复，并对花饰花板作全面安全检查；对松动和不稳定的固定点进行逐一加固处理，对花饰花板重新安装，排除安全隐患。

通过上述的方法，完成了教堂内的花饰花板的全面修缮和复原。

2.8.1 局部损坏花饰的修复

本次对各类花饰的修复，主要遵循文物建筑修缮的"最小干预"原则：尽可能对花饰进行局部修复，对缺失的和残损严重的花饰才采取按原样复制的复原手段。经查勘，现场大多数的罗马柱帽、灯台、外立面南立面上方的腰线花饰为局部损坏，故对其采用原材料进行修补，修补的造型参照周边部位的样式。（图 2.2.284、图 2.2.285）

图 2.2.284　局部损坏花饰的修复

图 2.2.285　局部损坏的柱帽修复

2.8.2　缺失花饰的复原

教堂的忏悔室区域多处罗马柱、灯台、拱肋台灯花饰已缺失，由于现场尚存在较为完整的同类型花饰，故本次修缮对缺失的罗马柱帽、灯台、拱肋台等立体的花饰采用硅胶翻模复制的手段给予复原。现场安装完成后的各类复制花饰形制与原花饰完全相同。（图 2.2.286—图 2.2.290）

图 2.2.286　涂刷翻模硅胶

图 2.2.287　硅胶模凝固

图 2.2.288 成型后的硅胶模

图 2.2.289 安装复制的灯台花饰

图 2.2.290 安装复制的罗马柱帽

2.8.3 缺失拱圈花板的复原

经前期查勘，室内多数拱圈上的花饰花板已缺失，加之外立面拱圈以及钟楼栏板等部位，共计十余类的花板花饰需通过翻制的手段复原。施工单位采取如下施工方法进行花板翻制：先根据尚存的花板制作木模具，然后制作反模，用反模进行翻模，经养护成型后到现场安装。对于小型平板花饰，先制作水泥材质固定型死模，后通过该模具进行翻模成型；对于大型平板花饰，采用木质铁皮外型框（以便于成型花饰花板的取出），并制作反模，进一步通过反模和木质铁皮框翻制出花饰花板；在对较大的花板，在水泥内增加了钢筋骨架，以确保花板的安全性和使用寿命。通过这样的方法对缺失的花板进行全面的复原，整体效果较为理想。（图 2.2.291—图 2.2.293）

图 2.2.291 翻制木模具

图 2.2.292 制作花板反模,花板养护成型

图 2.2.293 花板经养护后安装

2.9 室外附属工程

修缮前，教堂周围杂草丛生，雨后场地积水严重，没有排水系统，本次修缮根据设计要求在教堂外围新增排水沟，以保证建筑屋面流下的雨水以及场地雨水可被有组织地排放。此外，对室外的台阶进行全面修复，对缺失的金山石台阶，根据历史照片的样式和设计要求的尺寸给予复原。

2.9.1 室外金山石台阶安装及水泥台阶修补

根据历史照片和设计图纸的要求，对教堂现存的水泥台阶进行局部修补，对缺失的部位，采用金山石材质进行复原。（图2.2.294、图2.2.295）

图2.2.294　水泥楼梯修补

图2.2.295　入口处金山石台阶复原

2.9.2 室外排水沟制作

除了对教堂本身进行修复外，施工单位还在建筑外围新做了一圈排水沟，以此完善了整个建筑的排水系统，完成后的排水沟与室外绿化、草坪融为一体。（图2.2.296—图2.2.303）

图2.2.296　清理场地

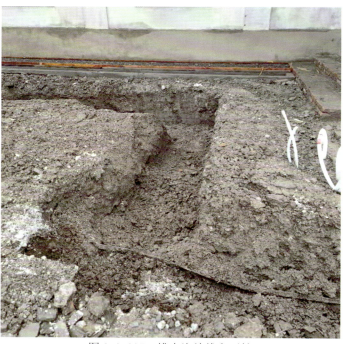

图2.2.297　排水沟放线和开挖

图 2.2.298　浇筑混凝土基层

图 2.2.299　砖砌弧形排水沟

图 2.2.300　砖砌直线排水沟

图 2.2.301　粉刷砖砌排水沟

图 2.2.302　设置排水沟集水井

图 2.2.303　盖板铺设完成后的排水沟

第三章
Chapter 3
成果展示

经过精心修缮，这座历经沧桑的老教堂，迎来了新生……

成果

1. 室内

成果

成果

104

成果

成果

106

成果

成果

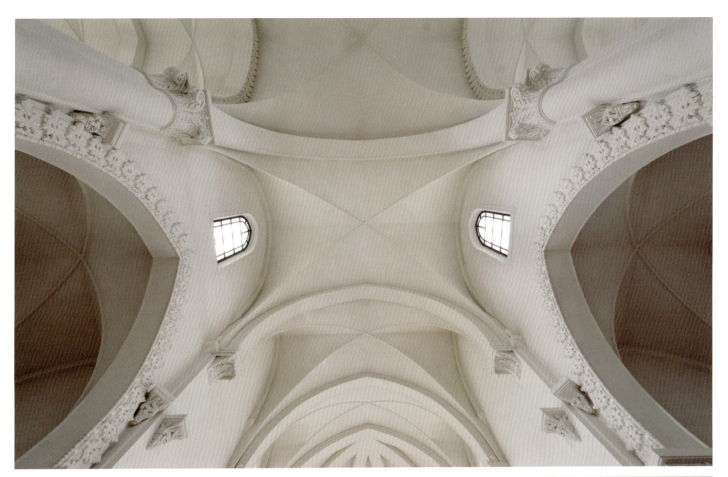

成果

成果

110

成果

成果

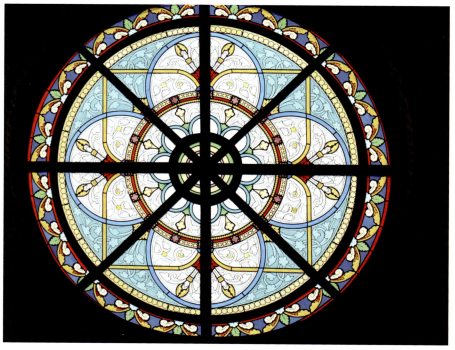

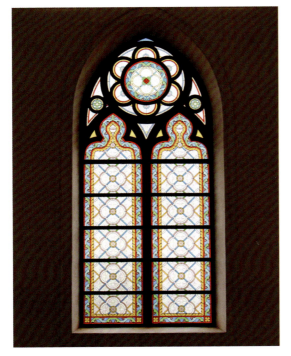
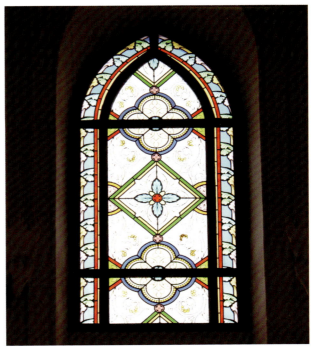

成果

成果

2. 室外

成果

成果

成果

成果

成果

成果

成果

成果

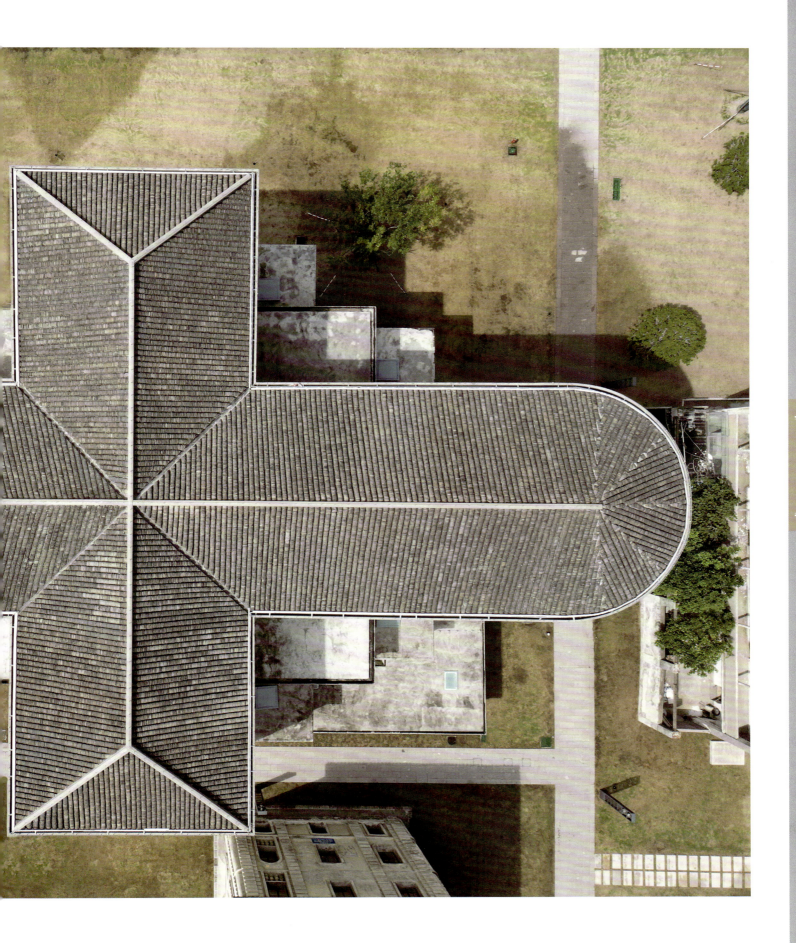

成果

成果

成果

成果

成果

Chapter 4
第四章
附　　录

主要参考文献

[1] 王伟斌. 明清浙江天主教史编年考论[D]. 广西师范大学,2015.

[2] 吕佳. 嘉兴圣母显灵堂的建筑装饰风格研究[J]. 嘉兴学院学报,2012(02):36-40.

[3] 杨洁. 浙江近代典型教堂建筑研究[D]. 浙江大学,2007.

[4] 李传斌. 基督教在华医疗事业与近代中国社会(1835—1937)[D]. 苏州大学,2001.

[5] 顾蓓. 圣母崇拜的历史研究[D]. 复旦大学,2003.

[6] 钱国权. 天主教在华传播史的研究状况概述[J]. 甘肃社会科学,2005(03):166-169.

[7] 余太星. 论哥特式教堂建筑结构与玻璃花窗的宗教寓意[J]. 学术探索,2006(02):113-118.

[8] 焦艳美. 天主教堂建筑风格[J]. 中国宗教,1995(02):51.

[9] 叶小文. 中国宗教的百年回顾与前瞻[J]. 中国宗教,2001(02):4-11.

[10] 嘉兴市天主教堂(圣母显灵堂)文物修缮[J]. 建筑实践,2021(09):166-173.

[11] 谢明. 当代中国基督教传播方式研究[D]. 中国社会科学院研究生院,2010.

[12] 张宗鑫. 明后期中西文化的碰撞与融合:以利玛窦为中心的考察[D]. 山东大学,2012.

[13] 徐敏. 中国近代基督宗教教堂建筑考察研究[D]. 南京艺术学院,2010.

[14] 刘志庆. 中国天主教教区沿革史[M]. 北京:中国社会科学出版社,2017.

[15] 嘉兴市志编纂委员会. 嘉兴市志[M]. 北京:中国书籍出版社,1997.

[16] 陈志华. 外国建筑史[M]. 北京:中国建筑工业出版社,2009.

[17] 傅乐成. 中国通史[M]. 贵阳:贵州教育出版社,2010.

[18] 嘉兴市地名普查领导小组办公室. 浙江省嘉兴市地名志[M].1982.

后记

教堂的大门缓缓开启，抬头仰望，排排立柱和层层拱券迎面而来；小经堂里，斑驳的花砖地面上浮现出彩绘玻璃映射其上的五彩斑斓；拾级而上，登上钟楼驻足俯望，白墙黛瓦和子城遗址遥相呼应。那一刻，我的眼前又浮现出一位位工匠师傅在修缮作业时专注的神情和滚滚的汗珠，一张张再次被翻开的几乎尘封历史的黑白照片和文献资料，一次次集思广益、各抒己见的专家研讨会，一组组不断被完善和精益求精的修缮样板……一切的一切，都秉承着"用心"二字。

在山西省的一处古建筑中有这样一块碑文，上面刻了八个字："如尔用心，常如今日。"这是古人对建筑的一种态度，我认为它同样适用于现在，特别是对即将逝去的那些文物建筑而言。如果我们用心去对待文物建筑的保护和修缮工作，那么这些建筑就会在我们这里，继续代代传承下去，源远流长！

在此特别感谢嘉兴市文化广电旅游局、上海市建筑学会的领导和专家们，在修缮过程中不仅提供了大量珍贵的历史资料，召开了一次又一次的专题会议以解决技术难题，并且提供了宝贵的专业指导意见以确保项目的顺利进行。此外，还要感谢嘉兴城市建设投资有限公司（建设单位）、浙江省古建筑设计研究院有限公司（设计单位）、苏州建华建设监理有限责任公司（监理单位）各位参与到本项目中的同志们，大家始终能拧成一股劲，朝着既定的目标，克服重重困难，最终完成了整个修缮项目。正是有了这股多方参与的合力，才让嘉兴市天主教堂重获新生！

高　臻

2023年8月

图书在版编目（CIP）数据

建筑回归 赓续城市文脉：嘉兴市天主教堂修缮实录/上海住总集团建设发展有限公司编著． -- 上海：上海大学出版社，2023.10
　ISBN 978-7-5671-4833-8

Ⅰ．①建… Ⅱ．①上… Ⅲ．①罗马公教—教堂—修缮加固—研究报告—嘉兴　Ⅳ．① B977.255.3

中国版本图书馆 CIP 数据核字（2023）第 185898 号

责任编辑　傅玉芳
装帧设计　李昕冰
美术编辑　柯国富
技术编辑　金　鑫　钱宇坤

建筑回归　赓续城市文脉——嘉兴市天主教堂修缮实录
编　　著　上海住总集团建设发展有限公司

出版发行	上海大学出版社
社　　址	上海市上大路 99 号
邮政编码	200444
网　　址	www.shupress.cn
发行热线	021-66135112
出 版 人	戴骏豪
印　　刷	上海颛辉印刷厂有限公司
经　　销	各地新华书店
开　　本	889mm×1194mm　1/8
印　　张	18
字　　数	360 千
版　　次	2023 年 10 月第 1 版
印　　次	2023 年 10 月第 1 次印刷
书　　号	ISBN 978-7-5671-4833-8/B · 145
定　　价	180.00 元

版权所有　侵权必究
本书若有印装质量问题，请向印刷厂质量科联系
联系电话：021-57602918